中小企業
絶えざる革新

― 新事業展開と老舗企業の知恵 ―

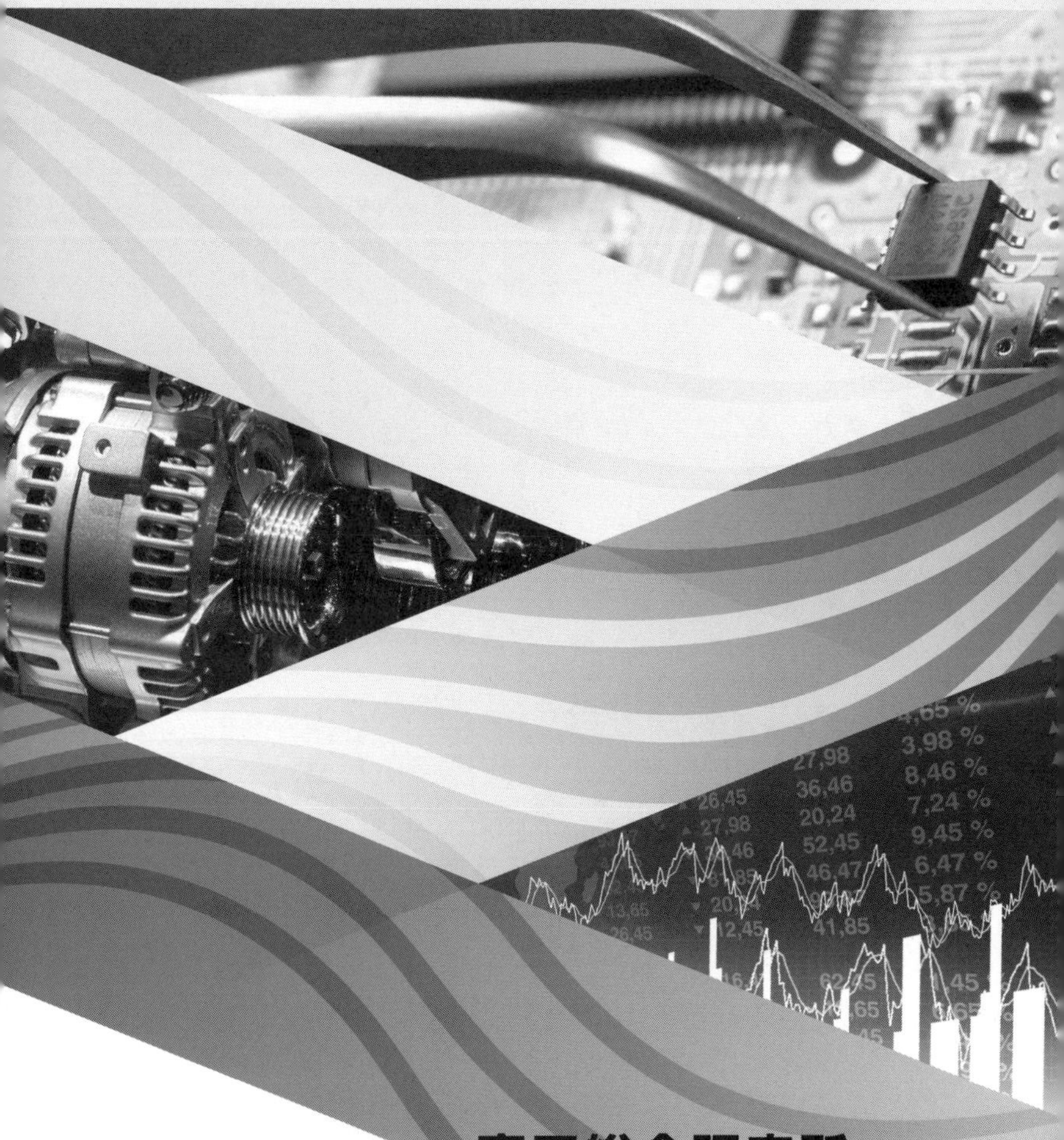

一般財団法人　**商工総合研究所**

はしがき

少子高齢化の進行、グローバル化やＩＴ化の急速な進展、地球環境・エネルギー問題による制約の高まりなど、わが国経済は数多くの難題に直面しています。こうした厳しい状況を打破し、経済の活性化を図っていくためには「わが国経済のダイナミズムの源泉」として中小企業が果たす役割がますます重要になってきています。

しかしながら、経済活動における中小企業の地位についてみると、そのシェアは高いものの低下傾向にあります。中小企業に今何が起こっているのでしょうか。中小企業が再びその地位を高めわが国経済を牽引していくためには、どのような点が課題となってくるのでしょうか。

当研究所は、これまでにも中小企業が直面している様々な課題について調査・分析を行ってきましたが、本書は、雇用吸収力、競争力と設備投資などの新たな視点を踏まえて、現在の中小企業の抱えている課題を明らかにし、こうした状況のなか、抜群の適応力を発揮し「絶えざる革新」により存在感を発揮する中小企業の姿を事例を交えながら浮き彫りにしようと試みたものです。

本書が、中小企業経営者の皆様方をはじめ、中小企業研究に携わる方々の参考に供されれば幸いです。

平成二十八年二月

一般財団法人　商工総合研究所
理事長　江崎　格

目次

目次

目次

目次

はじめに

本書は二部構成としている。

第Ⅰ部「中小企業の現状と課題」では、中小企業を取り巻く環境の変化を受けて、わが国経済における中小企業の地位がどのように変化してきたのかについて確認を行った。そしてそのなかの雇用、付加価値に焦点をあてて現在の中小企業の抱えている課題について検討・分析を行った。まず第1章では、現在の中小企業の企業数、従業者数、生産活動などにおける地位について確認を行った。さらに財務・収支面からみた課題についても検討を加えた。

次に第2章では、特に従業者数に着目し、中小企業の雇用の実態や課題について産業別や性別、年齢別などの様々な視点から分析した。

最後に第3章では、付加価値に着目し、競争力の指標である中小企業の労働生産性について設備投資という観点から分析した。

第Ⅱ部「中小企業の絶えざる革新」では、第Ⅰ部でみたように中小企業の地位が低下傾向にあるなかでも、「絶えざる革新」により存在感を発揮している多様な中小企業の姿を浮き彫りにしようと試みた。具体的には、新事業への取り組み、老舗中小企業の経営、グローバル化対応について調査・分析を行うとともにそれぞれ特徴的な取組事例を紹介した。

まず第1章では、中小企業の新事業展開の実態を把握するとともに、事例調査に基づきその課題について検討した。

次に第2章では、伝統を重視しつつも絶えざる改革、革新の取り組みを続けている老舗企業の現状、経営の特徴について分析を行うとともに事例調査に基づき長寿経営のあり方について検討した。

最後に第3章では、中小企業の海外進出の現況、意識等について確認するとともに、拡大する海外需要を取り込むための中小企業の具体的な取り組みや考え方などについて事例を交えながら検討した。

第Ⅰ部　中小企業の現状と課題

第1章 中小企業の地位

中小企業の憲法とも言われている中小企業基本法は1963年に制定された。その第1条をみると中小企業政策は経済の二重構造論を背景とした非近代的な中小企業構造を克服するという「格差の是正」が基本理念に据えられていたことがわかる。その後わが国は高度成長期、安定成長期、バブルの生成とその崩壊を経て低成長経済に移行し、世の中全体に閉塞感が漂うようになってきた。

こうしたなか同法は1999年に全面的に改正され、中小企業に関する施策についての基本理念が抜本的に見直された。すなわち新法の第3条をみると、多様で活力のある中小企業こそがわが国経済の発展と活力の源泉であり、中小企業の自助努力を支援する旨明記された。そして翌年の中小企業白書では、21世紀における中小企業を、機動性、柔軟性、創造性を発揮し、「わが国経済のダイナミズムの源泉」として、①市場競争の苗床、②イノベーションの担い手、③魅力ある就業機会創出の担い手、④地域経済発展の担い手、としての役割が期待される多様な存在として位置づけている。このように半世紀の間に中小企業観は大きく変化し、現在ではわが国経済の活性化を牽引するフロントランナーとして中小企業に対する期待が高まってきている。

そこで本章では、わが国における中小企業の地位がどのように変化してきたのかについて概観することとしたい。

1 企業数、従業者数からみた地位

まず2012年のわが国の企業数についてみると、民営企業（会社と個人事業者）は、第一次産業を除いて386万ある（図表I-1-1）。そのうち中小企業は385万で、全体の99・7%と圧倒的多数を占めている。また業種別にみてもすべての業種で中小企業のシェアが99%を超えている。

企業数の推移についてみると、1986年の535万人をピークに減少傾向が続いている。ちなみに1999年から2006年にかけての動きをみると期間中に64万人減少した。統計の作成方法が変更された2009年以降についてみると3年間で35万人減少しており減少のスピードが速まっている。主因は後述の通り廃業率が開業率を上回り、その差がさらに拡がってきていることに因る。規模別にみると減少の大部分は中小企業が占めている。

次に2012年の従業者数についてみると5、548万人となっており、そのうち中小事業所が4、206万人と全体の75・8%を占めている（図表I-1-2）。また、業種別にみると「建設業」、「不動産業・物品賃貸業」では90％以上、「運輸業」、「飲食店・宿泊業」では80％以上を中小企業（事業所）が占めている。

　従業者数の推移についてみると、1999年から2006年にかけての7年間に36万人増加した。これを規模別にみると中小企業は130万人の減少となったが、逆に大企業は166万人の増加となった。統計の作成方法が変更された2009

（図表Ⅰ－1－1）企業数（民営）の推移

年	中小企業		大企業		非一次産業計	
	企業数	構成比:%	企業数	構成比:%	企業数	構成比:%
1999	4,836,763	99.7	14,341	0.3	4,851,104	100.0
2001	4,689,608	99.7	13,431	0.3	4,703,039	100.0
2004	4,325,790	99.7	12,345	0.3	4,338,135	100.0
2006	4,197,719	99.7	12,351	0.3	4,210,070	100.0
2009	4,201,264	99.7	11,926	0.3	4,213,190	100.0
2012	3,852,934	99.7	10,596	0.3	3,863,530	100.0

	中小企業		大企業		非一次産業計	
	企業数増減	寄与度:%	企業数増減	寄与度:%	企業数増減	寄与度:%
1999-2006年対比	▲639,044	▲13.2	▲1,990	▲0.0	▲641,034	▲13.2
2009-2012年対比	▲348,330	▲8.3	▲1,330	▲0.0	▲349,660	▲8.3

（出所）中小企業庁「中小企業白書」。2006年までは、総務省「事業所・企業統計調査」、2009年は同「平成21年経済センサス－基礎調査」、2012年は同「平成24年経済センサス－活動調査」再編加工

（注1）企業数＝会社＋個人事業所（単独事業所および本所・本社・本店事業所）。非一次産業計は、鉱業、電気・ガス・熱供給・水道業、情報通信業、金融・保険業、複合サービス業を含む

（注2）中小企業は、常用雇用者300人（卸売業、サービス業は100人、小売業、飲食店は50人）以下、または資本金3億円（卸売業は1億円、小売業、飲食店、サービス業は5千万円）以下の会社および個人事業者

（注3）「経済センサス－基礎調査」では（1）商業・法人登記等の行政記録を活用して、事業所・企業の捕捉範囲を拡大しており、（2）本社等の事業主が支所等の情報も一括して報告する本社等一括調査を導入しているため、過去の中小企業白書の附属統計資料の「事業所・企業統計調査」による結果と単純に比較することは適切ではない（このため、2006年の数値と2009年の数値の間に破線を引いている）

年以降についてみると3年間で258万人減少しており、これを規模別にみると中小企業は218万人の減少、大企業は40万人の減少となった。このようにこのところ中小企業の従業者数の減少が目立っており、かつては8割を超えていたシェアも徐々に低下してきている。

2 経済活動に占める地位

(1) 経済構造の変化と開廃業率の動向

わが国経済は、「バブル」崩壊後、国内需要の低迷や安価な

(図表Ⅰ－1－2) 従業者数(民営)の推移

年	中小企業		大企業		非一次産業計	
	従業者数	構成比:%	従業者数	構成比:%	従業者数	構成比:%
1999	43, 287, 581	80. 8	10, 302, 732	19. 2	53, 590, 313	100. 0
2001	43, 704, 264	79. 9	10, 976, 327	20. 1	54, 680, 591	100. 0
2004	41, 176, 304	79. 4	10, 668, 876	20. 6	51, 845, 180	100. 0
2006	41, 984, 086	77. 8	11, 962, 719	22. 2	53, 946, 805	100. 0
2009	44, 244, 317	76. 2	13, 820, 217	23. 8	58, 064, 534	100. 0
2012	42, 064, 967	75. 8	13, 416, 070	24. 2	55, 481, 037	100. 0

	中小企業		大企業		非一次産業計	
	従業者数増減	寄与度:%	従業者数増減	寄与度:%	従業者数増減	寄与度:%
1999-2006年対比	▲1, 303, 495	▲2. 4	1, 659, 987	3. 1	356, 492	0. 7
2009-2012年対比	▲2, 179, 350	▲3. 8	▲404, 147	▲0. 7	▲2, 583, 497	▲4. 4

(出所) 図表Ⅰ－1－1に同じ
(注1) 従業者数＝常用雇用者＋個人事業主＋有給役員＋無給家族従業者。常用雇用者＝正社員＋パート・アルバイト。非一次産業計は、鉱業、電気・ガス・熱供給・水道業、情報通信業、金融・保険業、複合サービス業を含む
(注2) 中小事業所は、総従業者300人(ゴム製品製造業は900人以下、旅館・ホテルは200人以下、卸売業、サービス業(ソフトウエア業、情報処理・提供サービス業、旅館・ホテルを除く)は100人、小売業、飲食店は50人)以下
(注3) 図表Ⅰ－1－1に同じ

輸入品の流入増などから、物価下落が続く「デフレ経済」に陥った。加えて、生活水準向上による経済のサービス化などの構造変化もあり、企業の開廃業率に大きな変化が起きた。

企業ベースの開業率についてみると、1975－78年の5・9%をピークとして低下傾向にある（**図表Ⅰ－1－3**）。統計の作成方法の変更により直接的な比較はできないものの、2006－2009年は2・0%、2009－12年は1・4%と低下が続いている。一方、廃業率は1999－2001年以降6%を上回っており、廃業率が開

（図表Ⅰ－1－3）開廃業率の推移

（年平均：%）

時期（年）	企業ベース		事業所ベース	
	開業率	廃業率	開業率	廃業率
1966～69	−	−	6.5	3.2
69～72	−	−	7.0	3.8
72～75	−	−	6.1	4.1
75～78	5.9	3.5	6.2	3.4
78～81	5.9	3.8	6.1	3.8
81～86	4.3	4.0	4.7	4.0
86～89	−	−	4.2	3.6
86～91	3.5	4.0	4.1	4.7
91～94	−	−	4.6	4.7
91～96	2.7	3.2	3.7	3.8
96～99	3.6	5.6	4.1	5.9
99～2001	5.8	6.8	6.7	7.2
01～04	3.5	6.1	4.2	6.4
04～06	5.1	6.2	6.4	6.5
06～09	2.0	6.2	2.6	6.4
09～12	1.4	6.1	1.9	6.3

（出所）中小企業庁「中小企業白書」。総務庁の「事業所・企業統計調査」、「経済センサス」を再編加工。－は事業所統計のみ

（注1）非一次産業が対象で、企業は個人＋会社。事業所ベースは支所や工場の開設・閉鎖を含む

（注2）2006～2009年、2009～2012年の開業率は、開業企業（事業所）の定義が異なるため、過去の数値と単純に比較できない。また、定義の違いにより、開業率と廃業率を単純に比較できない

業率を上回る逆転現象が1986－1991年以降続いている。そして直近の2009－2012年は前者が後者の4倍を上回る状況にある。

ちなみに起業・創業は、産業の新陳代謝を活性化させ、人的資源を含めた経営資源の有効活用を図るうえで必要不可欠であり、2013年6月に閣議決定された「日本再興戦略」においても、開業率が廃業率を上回る状態にし、開・廃業率を米国・英国レベルの10％台になることを目指すとしている。

(2) 生産活動に占める地位

わが国製造業の出荷額の推移をみると、リーマンショックを契機とする世界的な景気後退を受けて、2008、2009年と2年連続で減少した。2010年に持ち直した後は一進一退で推移し、2013年は292兆円（前年比＋1・2％）となった（**図表Ⅰ-1-4**）。2013年の出荷額を規模別にみると、中小企業（事業所）は同▲0・2％の140兆円と4年ぶりに減少した。一方、大企業は2年連続で増加したため、中小企業のシェアは2年連続で低下した。

中小企業のシェアは、ピークの1978年は53・3％を占めていたが、その後は緩やかな低下傾向にあり、2000年代半ばに50％を下回りその後横ばい圏で推移しており50％を回復するには至っていない。

(3) 商業販売額に占める地位

卸売業の年間販売額は、１９９４年以降、「デフレ」や卸売業のいわゆる「中抜き」現象などによる影響を受けて減少傾向が続いている（**図表Ⅰ-1-5**）。特に２０１１年は３４０兆円と、２００７年対比▲17・7％と大幅に減少しており、この期間中に発生したリーマンショックを契機とする世界的な景気後退の影響が窺える。

中小企業（事業所）についてみると卸売業全体の動きと同様に減少傾向が続いているが、そのシェアについては１９９０年代以降60％強で安定的に推移している。

一方、小売業の販売額は、１９９１年の「バブル」崩壊後も増加したが、

（図表Ⅰ－１－４）製造業出荷額の推移

（兆円：％）

年	製造業出荷額	中小企業	シェア（％）
1985	265.3	134.0	50.5
1990	323.4	167.4	51.8
95	306.0	157.1	51.3
2000	300.5	153.6	51.1
01	286.7	146.8	51.2
02	269.4	137.8	51.2
03	273.4	138.3	50.6
04	283.5	144.3	50.9
05	295.3	146.3	49.5
06	314.8	150.7	47.9
07	336.8	158.8	47.1
08	335.6	159.1	47.4
09	265.3	132.2	49.8
10	289.1	135.1	46.7
11	285.0	139.9	49.1
12	288.7	140.2	48.6
13	292.1	139.9	47.9

（資料）経済産業省「工業統計調査」、総務省「平成24年経済センサス・活動調査」
（出所）当研究所「図説　日本の中小企業2015」
（注）中小企業（事業所）は従業者４人以上299人以下

１９９９年以降、「デフレ」などによる影響から減少に転じた（**図表Ⅰ－１－５**）。このようななかで、卸売業同様、２０１１年の販売額は１１０兆円となり、２００７年対比▲18・０％と大幅な減少となった。

　中小企業（事業所）についてみると、「デフレ」に加え、大型店との競合などから販売額は減少傾向が続いており２０１１年は75兆円と激減し（２００７年対比▲21・８％）、シェアも67・６％と初めて７割を下回った。

　このように、中小企業は卸・小売業で60％超のシェアを有し、

（図表Ⅰ－１－５）卸売業・小売業規模別販売額の推移

（兆円：％）

年	卸売業	中小企業	シェア（%）	小売業	中小企業	シェア（%）
1974	173.1	96.5	55.7	40.3	31.8	78.9
76	222.3	126.8	57.0	56.1	44.5	79.3
79	274.5	168.9	61.5	73.6	58.3	79.2
82	398.5	233.4	58.6	94.0	75.1	79.9
85	428.3	252.1	58.9	101.7	80.8	79.4
88	446.5	277.3	62.1	114.8	90.1	78.5
91	573.2	355.8	62.1	140.6	109.7	78.0
94	514.3	316.0	61.4	143.3	110.1	76.8
97	479.8	307.9	64.2	147.7	111.9	75.8
99	495.5	308.6	62.3	143.8	105.4	73.3
2002	413.4	261.2	63.2	135.1	96.8	71.7
04	405.5	262.4	64.7	133.3	93.9	70.4
07	413.5	266.1	64.4	134.7	95.5	70.9
11	340.4	220.1	64.6	110.5	74.7	67.6

（資料）経済産業省「商業統計調査」、総務省「平成24年経済センサス・活動調査」
（出所）図表Ⅰ－１－４に同じ
（注１）中小企業（事業所）は、卸売業が従業者99人以下、小売業が49人以下とした
（注２）1994年以降は新産業分類で集計、それ以前と厳密には連続しない
（注３）1999年は総務省の「事業所・企業統計調査」との同時調査で、既設事業所の捕捉を行っていることから、その前後とは連続しない

わが国の流通の担い手として重要な役割を果たしている。しかしながら、小売業については中小企業のシェアの低下が目立つ。特に「バブル」崩壊後は大幅に販売額が減少しており厳しい状況が続いている。

（4）付加価値に占める地位

『日本再興戦略』改訂2015」の鍵となる施策の1つとして「未来投資による生産性革命」が掲げられており、投資の拡大とイノベーションの創出による付加価値の向上を徹底的に後押しする、としている。

減価償却費を含めた粗付加価値額の推移についてみると、1980年度から1990年度初頭にかけて倍増したが、その後は伸び悩んでおり、2000年度代の半ばに若干増加したことを除けばほぼ横ばいで推移している（**図表Ⅰ-1-6**）。中小企業も1980年度から1995年度までは増加が続き、この間に2・1倍となったがその後は伸び悩んでいる。この結果かつては50%台後半を占めていた中小企業のシェアは低下傾向にあり2014年度は50%となった。

3 財務・収支面からみた課題

(1) 中小企業のリスク許容力

これまでみてきたように企業数、従業者数、生産活動、商業販売額、付加価値などの面からみて中小企業がわが国経済を支えていることについて異論はないであろう。しかし残念ながら総じてそのシェアは低下してきている。特に従業者数が減少していることや付加価値額が伸び悩んでいる点は大きな問題である。こうした中小企業の地位の低下がわが国経済の活力を削いでいる主因の一つとなっている

(図表Ⅰ－1－6) 粗付加価値額の推移

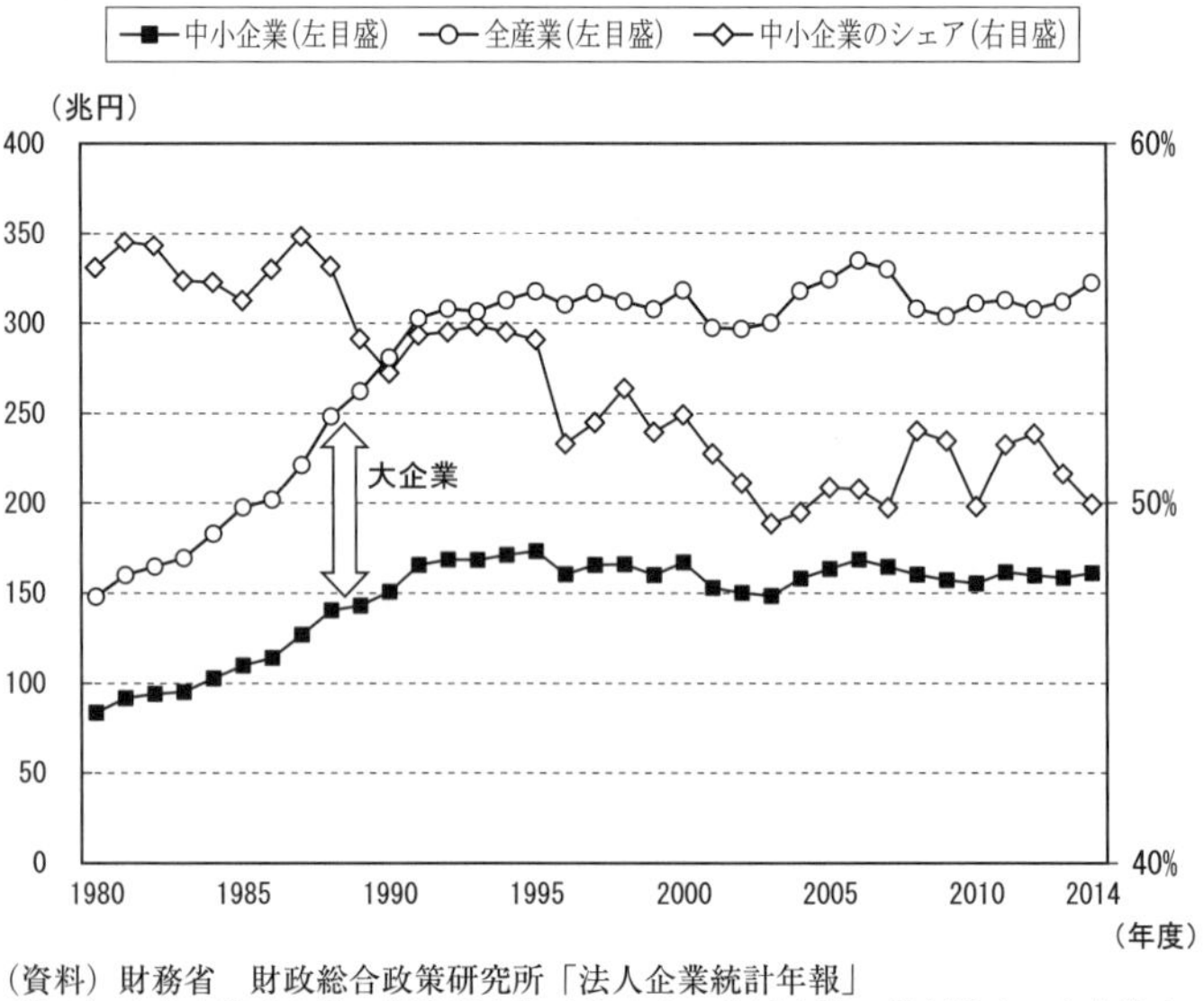

(資料) 財務省　財政総合政策研究所「法人企業統計年報」
(注1) 中小企業は金融・保険業を除く資本金1億円未満の営利法人。大企業は同1億円以上
(注2) 粗付加価値額＝人件費＋動産・不動産賃貸料＋支払利息・割引料＋租税公課＋営業純益＋減価償却費計

ことは否めない。中小企業がその優れた嗅覚で新たなビジネスチャンスを嗅ぎ付けて、果敢に「攻めの経営」を展開していくことで次々に新しいビジネスモデルや新しい市場が構築されていくことが期待される状況にある。

ただ、当然ながら中小企業としても闇雲にリスクテイクする訳にはいかないであろう。そこで中小企業の財務と収支の安全性をみるために、自己資本比率と損益分岐点売上高比率を確認しておくこととする。

まず中小企業の自己資本比率についてみると、1990年代後半まではほとんど改善が進まず大企業との格差拡大が続いた（**図表I－1－7**）。しかし、その後は急速に改善し2014年度は31・4％となった。依然として大企業との格差は残っているものの、財務の安全性という面からみると中小企業は相応の体力をつけてきているといえる。

次に中小企業の損益分岐点売上高比率についてみると、1980年代以降一時的に改善した期間もあるがその比率が90％を下回ることはほとんどなかった。ようやく2010年度以降5年連続で改善したが、直近の2014年度も89・0％と大企業（70・8％）との格差は大きい。このように中小企業は売上高が10％減少すればほとんど利益が消えてしまうような低収益体質にあり、リスクに対する抵抗力は十分とは言えない。

中小企業が自己資本比率の高さなどの耐久力が持続している間にストック面だけではなく、フロー面（収益性、生産性）においても力をつけていくことが喫緊の課題となってきている。

(2) エネルギー資源の制約

近年原油価格の高騰や地球温暖化問題、さらにわが国においては東日本大震災が起き、これらを背景にエネルギー資源の制約が厳しくなってきている。21世紀に入ってからの原油価格の急騰は、過去の石油危機とはかなり様相が異なっている(図表I-1-8)。端的に言えば新興国等の急成長による原油需要

(図表I－1－7) 自己資本比率、損益分岐点売上高比率の推移

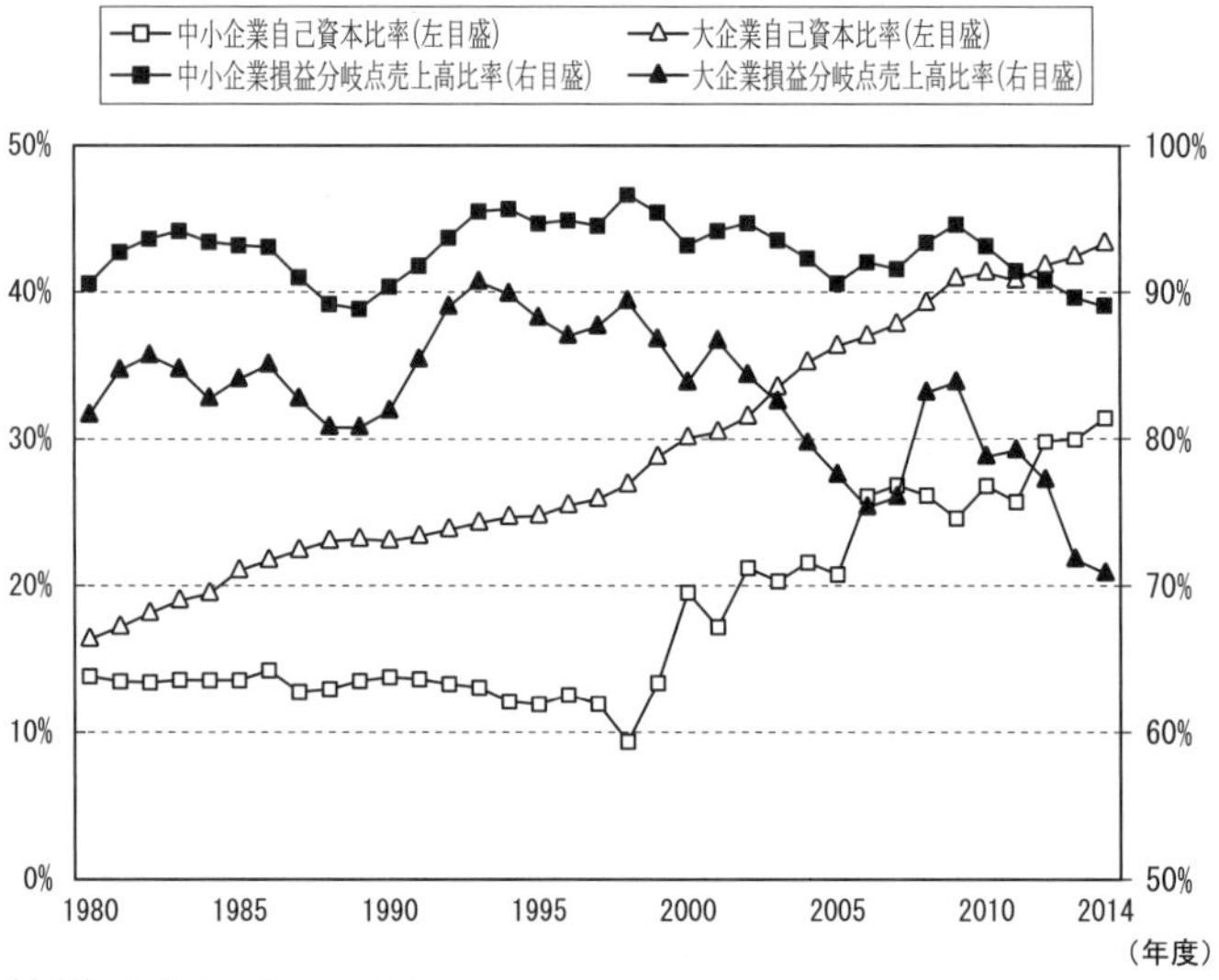

(資料) 図表I－1－6に同じ
(注1) 中小企業は金融・保険業を除く資本金1億円未満の営利法人
大企業は同1億円以上
(注2) 自己資本比率＝純資産÷資産合計
(注3) 損益分岐点売上高比率＝損益分岐点売上高÷売上高
損益分岐点売上高＝固定費÷（1－変動費÷売上高）
固定費＝人件費＋減価償却費＋動産・不動産賃借料＋租税公課
＋（営業外費用－営業外収益）
変動費＝売上高－固定費－経常利益
人件費＝従業員給与＋従業員賞与＋役員給与＋役員賞与＋福利厚生費

の増加がその背景にあり、生産側からではなく需要側の要因で急騰したということである。つまりこれからのエネルギー価格は過去のように安くならないということであり、将来的にエネルギーコストの上昇が懸念される状況にある。中小企業の平均的なエネルギーコストについてみると、売上高の３％程度であり比較的小さいようにみえるが、問題は収益力との関係である。中小企業の収益力は代表的な指標である売上高経常利益率で２～３％程度であり、不況時には１％を下回ることもある（図表Ⅰ－１－８）。このように利益率の水準が低いために、コストの変動により利益率は大きく上下してしまい、前述の通り損益分岐点比率が高いこともあり赤字に陥りやすい。例えば原油価格が高騰したとしてもある程度の期間で収束すれば、ストック面で体力をつけてきた中小企業は耐えうるとみ

（図表Ⅰ－１－８）中小企業の売上高経常利益率と原油価格の推移

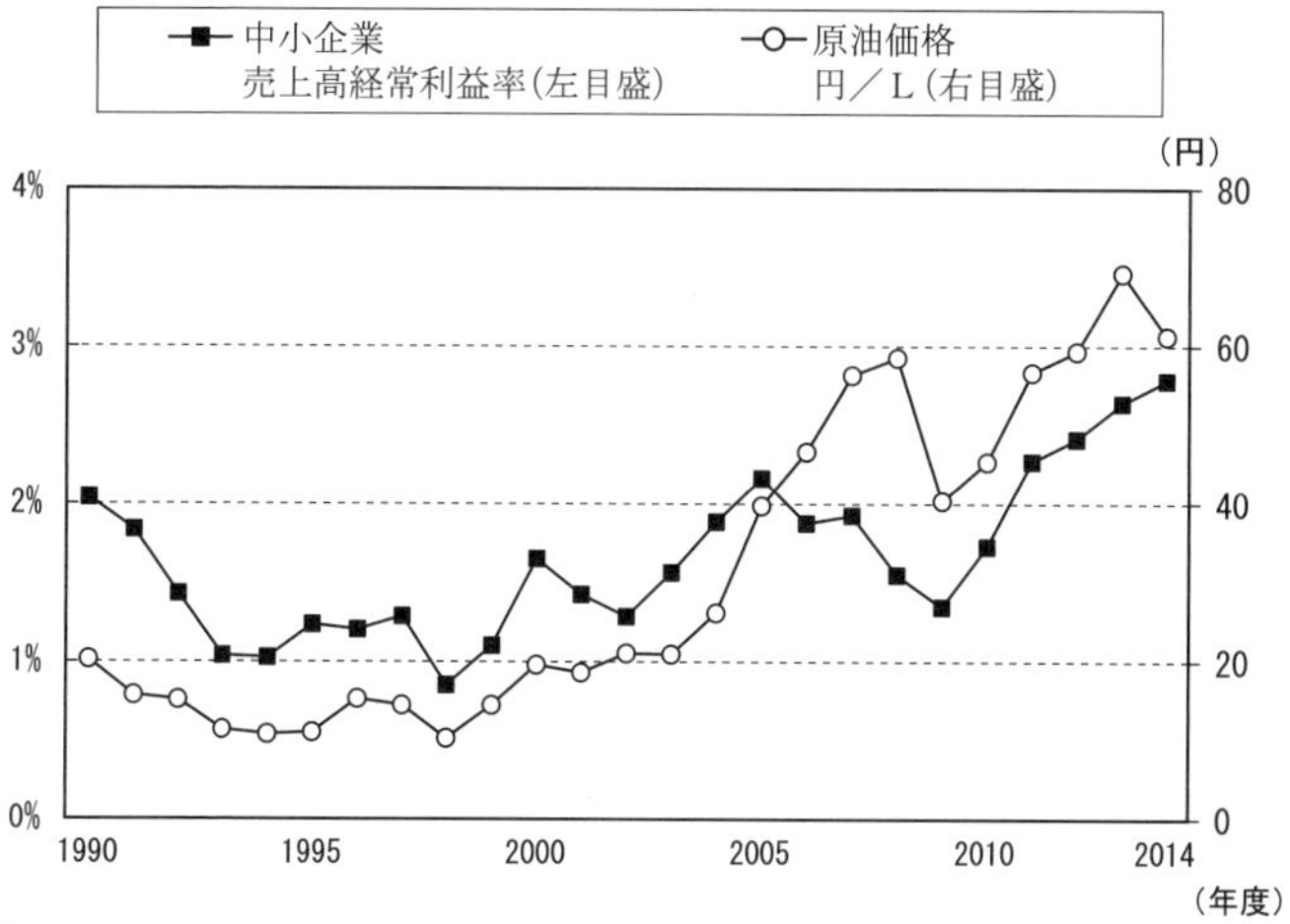

（資料）財務省　財政総合政策研究所「法人企業統計年報」、「通関統計」

られる。しかしながら、原油価格が中長期的に高止まりすることとなれば、自己資本比率を高めて抵抗力をつけてきた中小企業といえどもフロー面で脆弱な収益力がネックとなり、中小企業にとってはエネルギーコストの吸収が困難になってくるであろう。(注1)

【注】

(1) 以上のエネルギー制約が中小企業の財務に与える影響の分析については、赤松健治(2015)「エネルギー問題が中小企業に与える影響」『商工金融』2015年6月号参照。

第2章 中小企業の雇用吸収力

既にみてきたように、中小企業はわが国の雇用を支える重要な存在であり、従来から中小企業の雇用吸収力は大きいといわれてきた。しかしながらバブル崩壊後、特に2000年代に入って、中小企業の雇用が減少する傾向がみられるなどその雇用吸収力には陰りが見えてきた。以下では中小企業の雇用吸収力について、各種統計をもとに、現実に中小企業には雇用を吸収する力が失われているのか、それはどのように進んでいるのか、産業別や性別、年齢別にみるとどういった状況にあるのかといった様々な視点から、中小企業の雇用の実態や課題を明らかにしていく。

1 就業構造基本調査にみる雇用の実態

企業数や従業者数の規模からみて中小企業はわが国における雇用の重要な担い手であることは間違いない。しかしながら、近年では、新規開業の低迷や廃業の増加を背景に中小企業を中心に企業数が減少し、雇用増の余力が失われてきていることなどから、中小企業の従業者には減少傾向がみられるようになってきている。

中小企業の雇用の実態はどのようになってきているのか、以下では規模別や男女、年齢、産業等のデータを公表している「就業構造基本調査」を用いて詳しく分析する。

（1）就業構造

まず全体像から見ていく。わが国の人口は、2012年10月1日現在、1億2，596万人である。このうち15歳以上の人口は1億1，082万人で、働いている者（有業者）が6，442万人、無業者が4，639万人となっており、人口の51％が働いて残り49％の人口（無業者＋15歳未満）を養っているという構造である。2007年と比べると、15歳以上人口は微増（＋51万人）であったが、このうち有業者が156万人減少した一方、無業者は207万人増加した。この結果、2012年の15歳以上に占める有業者の割合（有業率）は58・1％となり、2007年より1・7％ポイント低下した。また有業者の内訳をみると、雇用者が5，701万人（有業者の88・5％）、自営業主が591万人（同9・2％）、家族従業者が134万人（同2・1％）となっており、9割弱が会社や官公庁等の雇用者である。なお雇用者には役員が347万人（同5・4％）含まれている。

中小企業の雇用についてみると、雇用者のうち中小企業（300人未満、以下同じ）に就業している者が2，707万人、大企業（300人以上、以下同じ）が1，658万人であり、その他に官公庁等に1、239万人が就業している（図表I－2－1）。官公庁等を除く雇用者の比率をみると、中小企業が62％、大企業が38％となる[注1]。

時系列の推移をみていくと、15歳以上人口が1987年の9、734万人から2012年には1億1、082万人に増加してきたのに対し、有業者は1987年には6、050万人であったが、1997年に6、700万人まで増加した後、減少に転じ、2012年には6、442万人となった。一方無業者はこの間ほぼ一貫して増加し、1987年の3、684万人から2012年には4、639万人となっている。また、有業者のうち雇用者についてみると、1987年（4、615万人）から2007年（5、727万人）まではおおむね増加傾向が続いたが、2012年（5、701万人）には若干減少している。

次に、雇用者のうち中小企業に雇用されている者をみると、1987年の2、816万人から1997年

（図表I－2－1）規模別雇用者数の推移

（千人）

年	1987	1992	1997	2002	2007	2012
全雇用者	46,153	52,575	54,997	54,733	57,274	57,009
1～299人	28,157	31,773	33,300	28,664	28,890	27,067
1～19人	12,834	14,277	14,506	13,334	13,527	12,470
20～299人	15,323	17,496	18,794	15,330	15,364	14,597
300人以上	12,865	15,323	15,910	14,317	16,196	16,580
規模別計	41,022	47,096	49,210	42,981	45,086	43,647
官公庁等	5,074	5,305	5,484	11,240	11,513	12,390

規模別構成比 （%）

年	1987	1992	1997	2002	2007	2012
1～299人	68.6%	67.5%	67.7%	66.7%	64.1%	62.0%
1～19人	31.3%	30.3%	29.5%	31.0%	30.0%	28.6%
20～299人	37.4%	37.1%	38.2%	35.7%	34.1%	33.4%
300人以上	31.4%	32.5%	32.3%	33.3%	35.9%	38.0%
規模別計	100.0%	100.0%	100.0%	100.0%	100.0%	100.0%

（注）役員等を含む（以下同じ）
（資料）総務省「就業構造基本調査」

には3、330万人まで増加した（**図表Ⅰ‐2‐1**）。2002年（注1の分類変更から1997年と連続しないが）2、866万人、2007年2、889万人と推移した後、2012年には2、707万人に減少した。一方で大企業は、1987年には1、287万人であったが、現在までほぼ増加傾向が続いており、2012年には1、658万人となった。

この間、雇用者（官公庁等を除く）に占める中小企業の割合をみると、1987年には68・6％であったが、徐々に低下してきており、2012年では62・0％となった。それでも中小企業は雇用のほぼ2／3を占め、中小企業が雇用の多くを吸収していることに変わりはない。足元ではやや減少しているが、その雇用規模の大きさから、現在まで中小企業の雇用吸収力が評価されてきたといえる。しかしながら2007年と2012年を比較すると、中小企業の雇用者が182万人減少したのに対し、大企業では38万人増加しており、官公庁等も88万人の増加となっている。大企業がまだ増加しているのに対し、中小企業は以前から減少が始まっており、最近における中小企業の雇用吸収力には陰りがみえ、先行きが懸念されるところである。

（2）産業別雇用の動向

では、雇用者はどのような産業に従事しているのだろうか。まず有業者についてみると、製造業が1、083万人（有業者の16・8％）と多く、卸売業・小売業が1、002万人（同15・6％）で、この2業種が1千万人を超えている。次いで医療・福祉が712万人（同11・1％）である。なお、宿泊や生活関連サービスなどの各サービス業を合計すると2、298万人となる。2007年と比べると、有業者全体では156万人減少しており、業種別には卸売業・小売業が103万人減、製造業が80万人減、建設業が56万人減などとなっている。増加したのは、医療・福祉（＋116万人）などのサービス業である。

有業者のうち雇用者についてみると、2012年の5、701万人の雇用者のうち、製造業が1、030万人（雇用者の18・1％）、卸小売業が910万人（同16・0％）、医療・福祉などのサービス業が2、046万人（同35・9％）となっている。2007年と比べると、雇用者全体では27万人減少しており、業種別には卸売業・小売業が112万人減、製造業が62万人減、建設業が49万人減などで、一方サービス業全体では医療・福祉（＋116万人）などの増加により171万人増加している。

また中小企業の雇用をみると、2、707万人の雇用者のうち、製造業に563万人（中小企業全体の20・8％）、卸売業・小売業に529万人（同19・5％）、サービス業に769万人（同28・4％）、それぞれ雇用されている。雇用者全体では、中小企業に47・5％、大企業に29・1％、官公庁等に21・7％が、それぞれ雇用されているが、産業別に中小企業のウェイトが高いのは、建設業（82・3％）、卸売業・小売業（58・1％）、製造業（54・7％）などである。2007年と比較して2012年に中小企業の雇用者が減少したことは先に述べたが、産業別にみても、サービス業以外の大半の産業で中小企業の雇用者が減少している。卸売業・小売業は2007年比94万人減と特に大きく落ち込んでおり、製造業（▲64万人）、建設業（▲52万人）なども減少している。一方サービス業は14万人増であった。

なお、サービス業については、官公庁等に含めている「その他の法人・団体」において、「医療・福祉」の雇用者がこの間81万人増加しているのが特徴的である（官公庁等全体では＋89万人）。サービス業全体について詳しく見ると、従業者1－19人の規模では11万人減と減少した一方、20－299人が24万人増、300人以上が59万人増、各規模合計で72万人増となっており、規模別には格差がみられる。これに上記官公庁等の89万人増を加え、サービス業全体では2007年から2012年の5年間に171万人増加した。

産業別に雇用者数の推移をみると、製造業は1992年の1、383万人がピークで、1997年から減少してきており、1992年から2012年の20年間では353万人減少した。率にして25％減で、雇用規模は3／4に縮小している。

卸売業・小売業は1997年の1、198万人がピークで、2012年までの15年間で288万人減少、建設業も1997年559万人がピーク、2012年までに160万人減少している。特に建設業は28・7％の減少率で、製造業を上回って激減している。一方、サービス業は増加を続け、1987年は1、052万人と1千万人をようやく上回ったところであったが、2012年には2、046万人と1987年の倍近くまで増加した。

次に、中小企業の産業別の雇用者の推移をみると、製造業は1992年の822万人がピークで2012年までの20年間で259万人減と大きく減少してきている（▲31・5％）。卸売業・小売業は1997年の839万人がピークで、2012年までの15年間で311万人減（▲37・0％）、建設業も1997年の479万人がピークで、2012年までに150万人減と（▲31・4％）、いずれも大きく減少してきている。これらをみると、雇用が減少してきている産業については、雇用減少の主因は中小企業にあるといわざるをえない。

増加傾向にある医療・福祉関連の法人がどのような規模なのか詳しくみないと断言はできないが、サービス経済化が進展する中で、中小企業においては、サービス業は増えているがそれ以外の産業がいずれも1990年代に雇用のピークを迎え、以降は軒並み雇用者が減少してきており、中小企業の雇用全体におけるプレゼンスが低下していないか注意深く見守る必要があろう。(注2)

(3) 主な収入の種類

有業者の主な収入（過去1年間で経常的に得ている収入）をみると、多くは賃金・給料を受け取る雇用者である。一方、無業者は主に社会保障給付（年金等）を受け取っている。

まず15歳以上人口のうち賃金・給料を受け取っている者は5、598万人、15歳以上人口に占める割合は50・5％であり、次いで社会保障給付の受給者が2、854万人（25・8％）、無収入者が1、623万人（14・6％）の順となる。15歳以上人口のうち、賃金・給料を受け取っている者が半分おり、社会保障給付を受け取っている者が1／4で、まったく無収入の者が1割以上存在する。

次に、有業者でみると、賃金・給料を受け取っている者は5、495万人、有業者に占める割合は85・3％と大半を占める。一方、無業者の中では社会保障給付の受給者が最も多く2、571万人おり、無業者に占める割合は55・4％で、また無収入者は1、602万人（34・5％）である。なお、無業者の多くは年金等を受け取っているが、就業希望者も一定数存在する。主な収入が社会保障給付である無業者のうち就業希望者は307万人おり、うち実際に求職活動をしている者は103万人である。

（4）正規・非正規雇用の動向

①正規雇用・非正規雇用

近年では、雇用者のうち非正規雇用が増加してきたが、それとともに様々な課題が指摘されるようになってきた。ここでは雇用者について正規・非正規別の動向をみてみよう。雇用者を雇用形態別にみると、2012年で正規の職員・従業員が3、311万人（雇用者に占める割合58・1％）おり、これ以外ではパートが956万人（同16・8％）、アルバイトが439万人（同7・7％）、契約社員が291万人（同5・1％）である。また、役員347万人（同6・1％）が雇用者に含まれている。正規以外の雇用者（役員を除く）は合計で2、043万人（同35・8％）となり、2012年には非正規雇用者がはじめて2千万人を突破した。2007年と比べると、正規の職員・従業員が減少しているが（▲121万人）、派遣社員の減少も目立つ（▲42万人）。一方で、パート（＋71万人）、契約社員（＋66万人）、アルバイト（＋31万人）は増加した。このため雇用者に占める比率は正規の職員・従業員（▲1・9%ポイント）、派遣社員（▲0・7%ポイント）がそれぞれ低下し、パート（＋1・3%ポイント）、契約社員（＋1・2%ポイント）、アルバイト（＋0・6%ポイント）が上昇しており、非正規化が進行した。

時系列でみると、雇用者全体では2007年がピークだったのに対し、正規の職員・従業員は1987年の3、457万人から1997年には3、854万人まで増加したが、1997年をピークに減少に転じており、雇用者全体より10年前、1990年代から既に減少が始まっていたことになる。2012年には3、311万人となり、ピークの1997年から14・1%の減少となった。一方、非正規の雇用者は一貫して増加が続いている。1987年には850万人だったが、1992年に1、053万人と1千万人を超え、足元2012年には上記のように2千万人を突破した。20年間でほぼ倍増ということになる。非正規雇用者の中では、パートが一貫して増加し、1987年の468万人から2012年には956万人と1千万人に接近してきた。アルバイトや契約社員もほぼ増加傾向が続いている。アルバイトは1987年189万人から2012年439万人に、契約社員は2012年に291万人となった。なお、派遣社員は（2002年から定義が若干変更されているが）1987年の9万人から2007年には161万人に増加した後、2012年は119万人に減少している。これは、この間にリーマンショックが起き、製造業を中心に不況に陥ったことや、派遣制度の法令改正・運用変更などが影響したものとみられる。

次に中小企業の雇用者についてみると、２０１２年の中小企業の雇用者2、７０７万人のうち、正規の職員・従業員は1、４０４万人（中小企業の雇用者に占める割合51・９％）で過半数が正規ではあるが、雇用者全体の58・１％と比較すると低い。一方、中小企業の非正規雇用は９９７万人（同36・８％）で、大企業（５９２万人、大企業の雇用者に占める割合35・７％）よりやや比率が高い。中小企業の非正規雇用の内訳をみると、パートが４９２万人（同18・２％）、アルバイトが２５５万人（同９・４％）、契約社員が99万人（同３・７％）となっている。ちなみに中小企業においては雇用者に占める役員の比率が高く（３０６万人、同11・３％）、役員を除くと大企業との非正規の比率の差はさらに広がる。大企業の役員は13万人、同０・８％である。

２００７年と比べると、中小企業では正規の職員・従業員（▲１５０万人）、派遣社員（▲12万人）が減少している一方、契約社員（＋13万人）、アルバイト（＋10万人）が増加している。雇用者全体では上記のようにパートが最も増加しているが、その内容をみると、大企業が27万人増、官公庁等が32万人増（うちその他の法人・団体で＋28万人）となっており、中小企業はほぼ増減ゼロであった。一方、正規の職員・従業員については、大企業は6万人増、官公庁等が18万人増（うちその他の法人・団体で＋48万人）となっており、足元では中小企業における正規の職員・従業員の減少が目立つ。なお、中小企業を零細中小企業（１－19人）とそれ以外（20－２９

9人）に分けると、特に零細規模での正規雇用の減少幅が大きく、零細企業での非正規化が進んでいる。

中小企業の雇用者について時系列でみると、正規の職員・従業員は1987年の1、889万人から1997年に2、094万人まで増加した（**図表Ⅰ-2-2**）。2002年には1、586万人で（その他の法人・団体への分類の変更もあり）減少したが、2012年には1、404万人となり2002年比でも減少している。また、非正規雇用者については、パートとアルバイトの合計でみると、1987年の510万人から1997年の744万人まで増加したが、その後はほぼ横ばいとなり、2012年は747万人であった。一方で大企業は、正規雇用については2002年の1、025万人から2012年の1、054万人と、中小企業と

（図表Ⅰ－2－2）規模別正規雇用・非正規雇用の推移

（千人）

年	1987	1992	1997	2002	2007	2012
（正規の職員・従業員）						
全雇用者	34,565	38,062	38,542	34,557	34,324	33,110
1～299人	18,894	20,513	20,939	15,864	15,538	14,036
1～19人	7,380	7,767	7,685	6,372	6,483	5,623
20～299人	11,514	12,746	13,254	9,493	9,055	8,413
300人以上	11,139	12,870	12,821	10,245	10,472	10,536
規模別計	30,033	33,383	33,760	26,109	26,010	24,572
官公庁等	4,502	4,600	4,648	8,262	8,080	8,259

年	1987	1992	1997	2002	2007	2012
（パート＋アルバイト）						
全雇用者	6,563	8,481	10,342	12,062	12,935	13,953
1～299人	5,099	6,796	7,438	7,488	7,367	7,469
1～19人	2,755	3,261	3,606	3,610	3,475	3,527
20～299人	2,344	3,535	3,832	3,878	3,893	3,942
300人以上	1,172	1,705	2,332	2,721	3,481	3,821
規模別計	6,271	8,501	9,770	10,209	10,848	11,291
官公庁等	271	363	449	1,618	1,805	2,177

（資料）図表Ⅰ－2－1に同じ

は異なり正規雇用がやや増加しており、また非正規雇用についてもパートとアルバイトの合計は1987年の117万人から2012年には382万人と増加が続いている。雇用者全体での非正規雇用の増加傾向は主に大企業（とその他の法人・団体）が中心だったといえ、中小企業ではこの間、非正規雇用はあまり増加していない。

以下では、産業別に中小企業の正規雇用・非正規雇用の動きをみてみる。

②産業別の正規雇用・非正規雇用

産業別にみると、中小企業において正規の職員・従業員の割合が高い産業は、電気・ガス・熱供給・水道業（71・6%）、情報通信業（69・8%）などである。一方、正規の割合が低い産業は宿泊業・飲食サービス業（27・4%）で、また生活関連サービス業・娯楽業（42・7%）などサービス業は押しなべて低く、卸売業・小売業（46・8%）なども中小企業の平均（51・9%）を下回っている。

2007年と比べると、中小企業全体の正規の職員・従業員の割合が低下（▲1・9%ポイント）する中で、製造業（+0・2%ポイント）ではわずかながら上昇した。一方、非製造業では多くの産業で低下している。正規の職員・従業員の割合の低下が目立つのは、医療・福祉（▲4・3%ポイント）、宿泊業・飲食サービス業（▲3・5%ポイント）などのサービス業で、卸売業・小売業（▲1・7%ポイント）も低下した。2007年から2012年にかけての動きは、雇用者全体の動きとほぼ同様であり、中小企業の正規・非正規の雇用の動きが雇用者全体の動きに影響したといえる。

③雇用者の所得の動向

雇用者の所得（主な仕事からの年間収入）水準をみると、２００－２９９万円（18・９％）が最も高く、次いで１００－１９９万円（18・４％）、１００万円未満（16・０％）となっている（**図表Ⅰ－２－３**）。雇用者にはパートやアルバイトなどの非正規雇用もすべて含むため、全体の平均は低めである。２００７年と

（図表Ⅰ－２－３）雇用者の所得水準別構成比

（%）

2012年	全雇用者	1～299人	1～19人	20～299人	300人以上	規模別計	官公庁等
総数	100.0	100.0	100.0	100.0	100.0	100.0	100.0
100万円未満	16.0	19.3	24.6	14.8	12.5	16.7	12.3
100～199万円	18.4	21.5	22.2	20.8	15.2	19.1	15.9
200～299万円	18.9	21.9	21.0	22.6	15.8	19.6	17.3
300～399万円	13.7	14.7	13.2	15.9	12.8	14.0	13.3
400～499万円	10.0	9.1	7.5	10.4	11.3	9.9	10.7
500～699万円	11.8	7.7	6.0	9.1	15.7	10.7	16.2
700～999万円	7.0	3.1	2.7	3.5	11.2	6.2	10.5
1000～1499万円	2.3	1.3	1.2	1.3	4.1	2.4	2.1
1500万円以上	0.7	0.6	0.6	0.6	0.7	0.6	0.9

（%ポイント）

2007年比	総数	1～299人	1～19人	20～299人	300人以上	規模別計	官公庁等
総数	0.0	0.0	0.0	0.0	0.0	0.0	0.0
100万円未満	0.9	1.4	2.3	0.8	0.2	0.8	0.6
100～199万円	0.8	0.6	0.4	0.8	0.8	0.5	1.6
200～299万円	0.4	0.5	0.6	0.4	0.0	0.2	1.6
300～399万円	0.1	▲ 0.2	▲ 0.7	0.3	0.6	0.1	0.4
400～499万円	▲ 0.1	▲ 0.5	▲ 0.7	▲ 0.4	0.3	▲ 0.2	0.3
500～699万円	▲ 0.4	▲ 0.9	▲ 1.1	▲ 0.8	▲ 0.5	▲ 0.6	0.3
700～999万円	▲ 1.3	▲ 0.8	▲ 0.7	▲ 0.8	▲ 0.9	▲ 0.6	▲ 4.3
1000～1499万円	▲ 0.3	▲ 0.3	▲ 0.2	▲ 0.3	▲ 0.4	▲ 0.2	▲ 0.7
1500万円以上	▲ 0.1	▲ 0.1	▲ 0.0	▲ 0.1	▲ 0.2	▲ 0.1	0.1

（資料）図表Ⅰ－２－１に同じ

比べると、100万円未満が0・9%ポイント、100－199万円が0・8%ポイント、200－299万円が0・4%ポイント上昇した一方、700－999万円が1・3%ポイント、500－699万円が0・4%ポイント低下するなど、399万円以下が上昇し、400万円以上が低下しており、所得水準は総じて下方にシフトしている。

このうち、中小企業の雇用者の所得は、200－299万円（21・9%）が最も高く、次いで100－199万円（21・5%）、100万円未満（19・3%）となっている（**図表Ⅰ-2-3**）。2007年と比べると、100万円未満が1・4%ポイント、100－199万円が0・6%ポイント、200－299万円が0・5%ポイント上昇した一方、300万円以上の層はすべて低下しており、中小企業は全体に比べてより下方にシフトする傾向がみられる（特に100万円未満）。なお1－19人の零細規模の中小企業では100万円未満が24・6%と最も高い。以上が層別に見た所得の動きである。

それでは、中小企業の平均給与は実際にどのような水準にあるのか。企業規模別に平均給与を調査している民間給与実態統計（国税庁）によりみてみると、大企業より中小企業が低く、また最近では全体に給与水準が低下する傾向がここでもみられる。まず、給与所得者全体では2000年461万円から2012年には408万円に低下したが、この間に前年より上昇したのは2007年と2010年だけで、概ね低下傾向が続いている（**図表Ⅰ-2-4**）。

うち中小企業（資本金1億円未満、個人企業を含む）の平均給与は2000年401万円であったが、２０１２年には３５３万円に低下した。一方、大企業では２０００年５７７万円、２０１２年５２０万円となっており、中小企業の給与水準は大企業の概ね７割前後の水準で推移してきている。なお、２０１２年時点で、正規雇用者は４６８万円、非正規雇用者は１６８万円となっており、正規・非正規の給与水準の差は大きい。

また、産業別で雇用が増加しているのは医療・福祉などのサービス業であるが、その平均給与をみると、２０１２年で医療・福祉は３７８万円と全体（４０８万円）より低い。また、宿泊業・飲食サービス業は２３５万円、（生活関連等の）サービス業は３３３万円と低水準であり、サービス業で比較的高いのは学術研究、専門・技術サービス、教育、学習支援業の４９０万円である。雇用を吸収しているサービス業は全般に平均給与が低い傾向にある。なお、男女別にみると、２０１２年で男性５０２万円、女性２６８万円で、そ

（図表Ⅰ－２－４）平均給与の推移

（万円）

年	資本金1億円未満＋個人	資本金1億円以上	小計	その他の法人	合計
1999	406.3	575.3	473.7	422.1	461.3
2000	401.0	577.4	473.1	422.4	461.0
2001	394.7	567.7	465.5	418.0	454.0
2002	392.1	554.7	457.1	419.4	447.8
2003	388.8	552.7	454.6	411.9	443.9
2004	381.8	556.7	451.2	401.5	438.8
2005	388.0	551.8	450.2	397.0	436.8
2006	378.7	561.7	447.5	399.9	434.9
2007	377.8	561.3	449.7	401.4	437.2
2008	377.6	542.4	440.5	396.3	429.6
2009	353.1	507.2	411.0	388.3	405.9
2010	364.5	508.8	419.6	390.7	412.0
2011	355.2	515.0	413.6	393.2	409.0
2012	353.3	519.5	414.5	384.7	408.0

（資料）国税庁「民間給与実態統計」

の差は大きい。

(5) 就業者の異動の動向

①就業者全体の異動

ここでは転職など、就業者の異動の動きについてみてみる。まず、就業者全体では、15歳以上人口のうち、2012年までの5年間に前の職場を辞めた者は2、171万人で、2007年までの5年間に比べると62万人減少した（▲2・8％）。このうち次の職場に就いた者（転職就業者）は1、191万人で、2007年と比べると75万人減少している（▲5・9％）。一方、就業しなかった者（離職非就業者）は980万人で、2007年より12万人増加した（＋1・3％）。

転職就業者がどのような産業に移ったのか、前職と現職の差をみてみると、医療・福祉が44万人増と最も多く、サービス業（他に分類されないもの）も32万人増加した（**図表Ⅰ－2－5**）。一方、減少したのは製造業（▲32万人）、宿泊業・飲食サービス業（▲21万人）、卸売業・小売業（▲21万人）などである。増加した医療・福祉では、その前職は同じ医療・福祉（48・2％）からが最も多いが、卸小売業（11・9％）、製造業（7・9％）、宿泊業・飲食サービス業（7・2％）などからの転職も多い。なお医療・福祉以外の産業でも、その多くで前職と同じ産業からの転職割合が最も高くなっている。

②雇用者の異動

次に、雇用者の異動についてみてみる。雇用者に占める非正規の職員・従業員の比率が上昇傾向にあること、中小企業は足元では非正規雇用があまり増加していないことは前に述べたとおりであるが、ここでは正規雇用、非正規雇用が足元でどのように推移しているのか、この間の転職や新規就業の動きも含めて詳しくみてみよう。２０１２年調査では、過去５年間に転職した者について調査しているが、転職就業者１、１９１万人のうち雇用者から雇用者へと転職した者は１、０５４万人であった。

この転職した雇用者について正規・非正規間でどのように異動したのかを

（図表Ⅰ－２－５）産業別転職就業者

（千人）

2012年	現職	前職	差
総数	11,905	11,905	0
農業，林業	279	102	177
漁業	15	16	▲ 1
鉱業，採石業，砂利採取業	4	5	▲ 1
建設業	663	721	▲ 58
製造業	1,582	1,906	▲ 324
電気・ガス・熱供給・水道業	30	30	▲ 0
情報通信業	337	425	▲ 88
運輸業，郵便業	744	657	87
卸売業，小売業	1,912	2,120	▲ 208
金融業，保険業	241	329	▲ 87
不動産業，物品賃貸業	259	198	62
学術研究，専門・技術サービス業	410	383	27
宿泊業，飲食サービス業	908	1,119	▲ 212
生活関連サービス業，娯楽業	487	506	▲ 19
教育，学習支援業	505	477	28
医療，福祉	1,731	1,289	442
複合サービス事業	55	61	▲ 6
サービス業（他に分類されないもの）	1,055	736	319
公務（他に分類されるものを除く）	270	312	▲ 42
分類不能の産業	420	514	▲ 94

（資料）図表Ⅰ－２－１に同じ
（注）過去５年間に転職した者

みてみると、転職前に正規の職員・従業員であった者は503万人であったが、このうち300万人（59・7％）が正規の職員・従業員となり、203万人（40・3％）が非正規の職員・従業員となった。一方、転職前に非正規であった者は551万人であったが、このうち133万人（24・2％）が正規の職員・従業員となり、417万人（75・8％）が非正規の職員・従業員となった。2012年までの5年間で正規の職員・従業員から非正規に異動した者の割合は40・3％で、2007年調査時点の36・6％よりも3・7％ポイント上昇している（非正規化の進行）。

こうした転職就業者や、この間に新たに就業した者（入職者）についてその動きをみると、2012年調査時点の雇用者のうちで2007年以降に転職・入職した者は、上記の転職者も含めて2、333万人（雇用者の41・4％）であった。雇用者全体の約4割が2007年以降の5年間に新たな職場で就業を開始した雇用者ということになる。残り6割が2006年以前から同じ職場に就業している雇用者である。また、正規の職員・従業員となった者は1、042万人、非正規となった者が1、245万人で、非正規雇用に就業した者の方が多い。

規模別にみると、中小企業には1、129万人が就業しており、転職・入職した者の48・4％である。その他は大企業に659万人（28・2％）、官公庁・その他の法人・団体に501万人（21・5％）がそれぞれ就業しており、中小企業は雇用者が総じて減少傾向にあるとはいえ、雇用の吸収力は依然として大きいといえよう。また、中小企業に就業した者のうち、正規雇用が501万人、非正規雇用が590万人であり、全体と同様に非正規雇用の割合が高い。

雇用者全体について2007年以前の就業開始時期にさかのぼってみると、2002−2006年に就業した者は942万人、1997−2001年では616万人、1992−1996年では470万人などとなっている。比較的近年に就業した者の割合が高いが、これは非正規雇用のウェイトが高まっていることが影響している。正規雇用者の就業開始時期は、2007年以降の5年間が31・8％、2006年以前に就業した者が68・2％で、全雇用者に比べ2006年以前が多い。一方、非正規雇用者は2007年以降の比率が61・8％と高くなっている。また2002−2006年も16・8％あり、これを加えると非正規雇用のほぼ8割がここ10年間に就業している。

こうした傾向は中小企業でもほぼ同様であるが、正規雇用者についてみると、比較的近年に就業した者の比率が高くなる傾向がみられる。2007年以降の5年間で中小企業に正規雇用として就業した者は中小企業の正規雇用者の36・0％で、2002−2006年では19・0％となっており、いずれも全体の正規雇用者の比率よりも高く、中小企業の正規雇用者は大企業等に比べ比較的近年に採用された者、勤続年数が短い者が多いと思われる。

こうした労働力の移動について中小企業の雇用吸収力という面から考えてみると、雇用吸収力を示すものとして、中小企業が雇用の7割を占めていることに加え、中小企業が労働力の移動の多くを担ってきた面もあると思われる。過去においては、大企業は終身雇用制度を有していたため中途での労働移動が少なく、そうした中途での移動（=雇用吸収）は中小企業が担うという図式であった。中小企業が労働移動の多くを担っていたため、中小企業が雇用吸収の中心的存在であるとみられるようになったのではないか。中小企業は、離職も多いが中途採用も多い。また、中小企業雇用者の転職先はやはり中小企業が多く、こうした動きが中小企業の雇用吸収力につながっているものと思われる。中小企業白書２００９年版では、過去5年間に転職した者の労働移動状況について分析しているが、そこでは中小企業の正社員から中小企業の正社員への移動の割合が最も高くなっていると指摘している。

2 中小企業と女性雇用

少子高齢化・人口減少が現実となってきた中で、女性の一層の活躍が期待されている。以下では、中小企業における女性の雇用についてみてみよう。

(1) 女性の就業状況

まず、女性の就業状況についてみることとする。２０１２年10月１日現在、15歳以上人口１億１、０８２万人のうち女性は5、７４０万人であるが、これを就業状態別に見ると、女性の有業者は2、７６８万人、無業者は2、９７３万人となっており、女性では男性とは逆に無業者の方が多い。また２００７年と比べると、女性の15歳以上人口は38万人増加したが、有業者が13万人減少した一方で、無業者は51万人増加した。この結果、２０１２年の15歳以上の女性に占める有業者の割合（有業率）は48・２％となり、２００７年比マイナス０・６％ポイントとわずかながら低下している。一方、男性の有業者は３、６７５万人で、２００７年と比べると１４３万人も減少しており、男性が女性を大きく上回って減少した。また、男性の無業者は１、６６７万人で、２００７年と比べると１５６万人の増加と、これも男性が女性を大きく上回って増加している。このため男性の有業率は68・８％で、２００７年より２・８％ポイント低下した。このように、従来から男性の有業者が多かったが、女性に比べて男性の有業者減少と無業者増加が目立つのは、団塊の世代が退職時期を迎え、高齢男性の多くが有業から無業に移ったことを反映していると思われる。

　過去の推移をみると、男性の有業率は低下傾向にあり、２０１２年には７割を下回った一方、女性の有業率は、若干上下動しつつ概ね横ばいで推移している。女性の有業者はまだ半分程度であり、男性に比べまだまだ低い水準であるが、男性との差は徐々に縮小してきている。１９９２年には有業率の男女差は26・６％ポイントであったが、２０１２年は20・６％ポイントまで縮小した。また年齢別の有業率をみると、後で述べるように女性のいわゆるM字カーブの底が浅くなってきている様子がみられる。

　女性の有業者について、その従業上の地位をみると、雇用者が２、５０５万人（女性有業者の90・５％）、自営業主が１４６万人（同５・３％）、家族従業者が１１１万人（同４・０％）となっており、9割が会社や官公庁等の雇用者である。一方、男性は雇用者が3、196万人（男性有業者の87・0％）、自営業主が445万人（同12・1％）、家族従業者が24万人（同0・6％）である。なお、雇用者のうち会社などの役員が女性では80万人（女性有業者の2・9％）なのに対し、男性は267万人（男性有業者の7・3％）となっている。女性においては、雇用者、家族従業者の割合が高い一方、自営業主や会社などの役員は少ない。2007年と比べると、男女ともに雇用者の割合が上昇し、自営業主、家族従業者、会社などの役員の割合が低下した。特に女性では、雇用者が2・5％ポイント上昇する一方、家族従業者は1・6％ポイント低下しているのが特徴的である。

次に雇用者について規模別にみると、2012年における女性雇用者（2、505万人）のうち中小企業が1、143万人、大企業が622万人となっており、その他に官公庁等に689万人が就業している（**図表Ⅰ-2-6**）。官公庁等を除いて規模別の比率をみると、中小企業が64・7％、大企業が35・3％である。一方、男性雇用者（3、196万人）では中小企業が1・564万人（60・2％）、大企業が1、036万人（39・8％）であり、大企業と比較すると中小企業により多くの女性が雇用されている。ちなみに、男女雇用の比率は、2012年で中小企業が女性42・2％、男性57・8％なのに対し、大企業では女性37・5％、男性62・5％となっており、中小企業では明らかに女性雇用者の比率が高い。後に述べるように、中小企業では女性雇用者のなかでも非正規雇用であるパートの比率が高いことがその一因である。2007年と比較すると、中小企業の女性雇用者は57万人減少したのに対し、男性雇用者は１２６万人の減少となった。なお、雇用者全体のところでも述べたが、官公庁等には「その他の法人・団体」を含めている。その他の法人・団体の雇用者は２０１２年で７３６万人であるが、うち女性が４７１万人、男性が２６５万人となっており、女性が多いのが特徴的である。

　時系列の推移をみていくと、15歳以上の女性の人口が１９８７年の５、０１０万人から２０１２年には５、７４０万人に増加してきたのに対し、女性有業者は１９８７年には２、４１３万人であったが、１９９７年２、７５０万人まで増加した後、ほぼ横ばいの推移となり、２０１２年には２、７６８万人となっている。一方、女性無業者はこの間おおむね増加傾向が続き、１９８７年の２、５９７万人から２０１２年には２、９７３万人となった。男性については有業者が１９９７年をピークに減少に転じる

（図表Ⅰ－２－６）規模別男女別雇用者

（千人）

	2012年	全雇用者	1～299人			300人以上	規模別計	官公庁等
				1～19人	20～299人			
女性	雇用者総数	25,049	11,425	5,680	5,746	6,221	17,646	6,891
	正規の職員・従業員	10,301	4,055	2,021	2,034	2,246	6,302	3,929
	非正規の職員・従業員	13,944	6,633	3,033	3,599	3,968	10,600	2,909
	（パート）	8,547	4,371	1,976	2,395	2,296	6,667	1,640
	（アルバイト）	2,198	1,195	631	564	674	1,869	226
	（派遣社員）	740	291	41	250	325	616	84
	（契約社員）	1,358	345	59	286	569	915	417
男性	雇用者総数	31,959	15,642	6,790	8,852	10,359	26,000	5,500
	正規の職員・従業員	22,809	9,981	3,602	6,378	8,290	18,271	4,330
	非正規の職員・従業員	6,483	3,335	1,375	1,959	1,949	5,284	967
	（パート）	1,014	547	189	359	278	825	163
	（アルバイト）	2,194	1,356	732	624	574	1,930	149
	（派遣社員）	447	218	36	182	179	397	24
	（契約社員）	1,552	648	138	511	660	1,309	210

（資料）図表Ⅰ－２－１に同じ

一方、無業者は増加を続けている。このため、有業者においては女性のウェイトが上昇する傾向にある。次に、女性雇用者についてみると、1987年（1、700万人）から2012年（2、505万人）まで一貫して増加傾向が続いており、この間、男性雇用者が1997年をピークに減少に転じているのと対照的である。男性雇用者は1997年の3、313万人から2012年には3、196万人に減少した。

中小企業では、女性雇用者は1987年の1、132万人から1997年には1、422万人まで増加した。2002年には（その他の法人・団体への分類変更から1997年と連続しないが）1、157万人、2012年では1、143万人となっている。これに対して中小企業の男性雇用者は2002年の1、709万人から2012年には1、564万人に減少しており、中小企業においては女性雇用者に比べて男性雇用者の減少が目立つ。一方、大企業の女性雇用者は、1987年には395万人であったが、現在までほぼ増加傾向が続いており、2012年には622万人となった。なお大企業においては男性雇用者も2002年の936万人から2012年には1、036万人と増加した。こうしたことから、雇用者（官公庁等を除く）に占める中小企業の割合は、全体では1987年68・6%から2012年62・0%へ、うち女性雇用者は1987年74・1%から2012年64・7%へ、男性雇用者は1987年65・4%から2012年60・2%へと、いずれも低下気味である。女性、男性ともに中小企業は雇用の6割以上を占めており、特に女性は依然として高い割合であるといえるが、中小企業の雇用は全体だけでなく女性、男性に分けてみても減少傾向にあり、先行きがやや懸念される。

(2) 産業別の女性雇用

ここでは、産業別に女性の雇用についてみる。まず有業者全体についてみると、2012年で女性有業者は医療・福祉542万人（女性有業者の19・6％）、卸売業・小売業510万人（同18・4％）、製造業327万人（同11・8％）の順に多い。これに対し男性有業者は、製造業756万人（男性有業者の20・6％）、卸売業・小売業492万人（同13・4％）、建設業413万人（同11・2％）の順となっている。2007年と比べると、女性有業者全体では13万人減少したが、産業別には製造業が43万人減少、卸売業・小売業が40万人減少などとなった一方、医療・福祉（＋85万人）などのサービス業では増加している。

有業者のうち雇用者について産業別にみると、2012年の2、505万人の女性雇用者のうち、医療・福祉534万人（女性雇用者の21・3％）が最も多く、卸小売業が471万人（同18・8％）、製造業が305万人（同12・2％）などとなっている。一方、男性雇用者では、製造業725万人（男性雇用者の22・7％）、卸小売業438万人（同13・7％）などが多く、産業別にみると男性と女性の就業構造の違いが際立っている。

次に、雇用者のうち中小企業の雇用についてみると、2012年の1、143万人の女性雇用者のうち、卸売業・小売業に260万人（中小企業の女性雇用者の22・7％）、製造業に204

万人（同17・9％）、雇用されている。２００7年と比較すると、卸売業・小売業が46万人減と特に落ち込んでおり、製造業も32万人減少した一方、サービス業は20万人増加した。サービス業における女性雇用の増加が中小企業の女性雇用全体を下支えしているといえる。サービス業全体について詳しく見ると、従業者1－19人の規模では3万人減少した一方、20－２９９人が23万人増、３００人以上が37万人増で、各規模合計では56万人増となっており、これに官公庁等の66万人増を加え、サービス業全体では２００7年から２０１２年の5年間に女性雇用者が１２９万人増加した。医療・福祉産業が女性を中心に雇用の下支え役を担ってきている。なお、官公庁等に含めている「その他の法人・団体」では医療・福祉の女性雇用者がこの間、56万人増加している。

産業別に女性雇用者数の推移をみると、製造業は１９９２年の４９５万人がピークで、１９９7年から減少してきており、１９９2年から２０１２年の20年間では１９０万人減少し３０５万人となり（▲38％）、その雇用規模は2／3近くまで縮小した。卸売業・小売業は１９９7年の６０６万人がピークで、２０１２年までの15年間で１３５万人減少し４７１万人となった（▲22・2％）。一方、サービス業は増加を続け、１９８7年は５１９万人であったが、２００7年に1千万人を超え、２０１2年には1、２１６万人と１９８7年の2・3倍に増加した。

次に、中小企業についてみると、製造業の女性雇用者は１９９2年の３６１万人がピークで２０１2年までの20年間で１５７万人減少し２０４万人（▲43・5％）、卸売業・小売業は１９９7年の４２４万人がピークで、２０１2年までの15年間で１６４万人減少し２６０万人（▲38・

7％）と、いずれも大きく減少してきている。なお、2002年からその他の法人・団体への分類変更がありそれ以前との規模別の比較が難しいが、サービス業については前半の1987年から1997年にかけては158万人増加し、後半の2002年から2012年にかけても47万人増加している。中小企業においても、製造業、卸小売業からサービス業への女性雇用者の移動が著しく進んでいるといえる。

(3) 女性の主な収入の種類

女性について主な収入をみると、賃金・給料が2、476万人で最も多く15歳以上人口に占める割合は43・1％となる。その他では社会保障給付の受給者が1、674万人（29・2％）いるが、無収入者も1、163万人（20・3％）と多く、男性と比較して無収入者が多いのが特徴である（男性無収入者は8・6％）。次に、女性有業者でみると、賃金・給料を受け取っている者が2、413万人、有業者に占める割合は87・2％と大半を占めている。一方無業者の中では社会保障給付の受給者が最も多く1、550万人おり、無業者に占める割合は52・1％、また、無収入者は1、144万人、同38・5％である。

なお、女性無業者は2、973万人で女性有業者2、768万人より多いが、そのうち就業希望者は681万人、非就業希望者は2、275万人となっている。女性の就業希望者は男性（412万人）の1・7倍であり、女性の雇用予備軍の多さを物語っている。

（4）女性の正規・非正規雇用の動向

①女性の正規・非正規雇用

女性雇用者を雇用形態別にみると、2012年で正規の職員・従業員が1，030万人（女性雇用者の41・1％）、パートが855万人（同34・1％）おり、これら以外ではアルバイトが220万人（同8・8％）、契約社員が136万人（同5・4％）である。なお、役員が80万人（同3・2％）、雇用者に含まれている。一方、男性は正規の職員・従業員が2，281万人（男性雇用者の71・4％）と最も多く、次いでアルバイトが219万人（同6・9％）、契約社員が155万人（同4・9％）でパートは相対的に少ない。

2007年と比べると、女性雇用者全体では微増（＋59万人）であったが、派遣社員（▲26万人）、正規の職員・従業員（▲22万人）が減少する一方、パート（＋61万人）、契約社員（＋27万人）、アルバイト（＋18万人）が増加している。このため女性雇用者に占める比率は、正規の職員・従業員（▲1・9％ポイント）、派遣社員（▲1・1％ポイント）がそれぞれ低下し、パート（＋1・6％ポイント）、契約社員（＋0・9％ポイント）、アルバイト（＋0・6％ポイント）が上昇しており、非正規化が進行した。

時系列でみると、女性雇用者全体が増加を続ける中、正規の職員・従業員は1992年の1，196万人をピークに減少してきており、女性雇用者については既に1990年代半ばから正規雇用の減少が始まっていたといえる。２０１２年の正規の職員・従業員はピークの１９９２年から13・９％の減少である。一方、非正規の職員・従業員は一貫して増加が続き、１９８７年時点ではまだ６０７万人で正規雇用者（１、０３１万人）より少なかったが、２００２年（１、１４５万人）には１千万人を超えるとともに正規雇用者（１、０１５万人）を上回り、２０１２年には１、３９４万人となった。四半世紀で２・３倍である。女性の非正規雇用者の中で最も多いパートは１９８７年の４４６万人から２０１２年には８５５万人に、またアルバイトは１９８７年の93万人から２０１２年には２２０万人になっている。なお、派遣社員は１９８７年の５万人から２００７年には１００万人に増加した後、世界同時不況などを背景に２０１２年は74万人に減少している。

次に中小企業の女性雇用者についてみると、２０１２年の中小企業の女性雇用者１、１４３万人のうち、正規の職員・従業員は４０６万人（35・５％）で１／３強にとどまる。

この正規雇用比率は、雇用者全体（58・１％）、女性雇用者全体（41・１％）と比較すると低水準である。ただし、女性の正規雇用者は、大企業が２２５万人、官公庁等が３９３万人となっており、正規雇用比率はそれぞれ36・１％、57・０％である。女性の正規雇用が多いのは官公庁等であり、中小企業、大企業ともに、女性の正規雇用の比率は低い（非正規雇用の比率が高い）といえる。

中小企業における女性の非正規雇用の内訳をみると、パートが４３７万人（38・３％）、アルバイトが120万人（10・5％）、契約社員が35万人（3・0％）となっており、パートの比率が高い。2007年と比べると、正規の職員・従業員（▲56万人）、派遣社員（▲6万人）が減少した一方、アルバイト（＋7万人）、契約社員（＋1万人）は増加した。パートはほぼ増減ゼロ（▲0・3万人）であった。正規の職員・従業員については、大企業は＋9万人、官公庁等が＋24万人（うちその他の法人・団体で＋29万人）となっており、大企業等に比べ中小企業における正規の職員・従業員の減少が目立つ。中小企業を零細中小企業（1－19人）とそれ以外（20－299人）に分けると、特に零細規模での正規雇用の減少幅が大きい。2002年と比較しても、中小企業では正規の職員・従業員が442万人から2012年には406万人と減少する一方、非正規雇用者は626万人から2012年には663万人まで増加している（**図表Ⅰ－2－7**）。

なお、産業別には、女性の正規の職員・従業員の割合が高い産業は情報通信業（58・5％）で、他の産業はおおむね正規の割合が低い。

（図表Ⅰ－2－7）中小企業の女性雇用者

（千人）

年	2002	2007	2012
女性雇用者総数	11,574	11,993	11,425
正規の職員・従業員	4,424	4,611	4,055
非正規の職員・従業員	6,262	6,518	6,633
（パート）	4,310	4,375	4,371
（アルバイト）	1,300	1,126	1,195
（派遣社員）	190	355	291
（契約社員）	307	331	345

（資料）図表Ⅰ－2－1に同じ
（注）従業者規模1－299人の女性雇用者

②女性雇用者の所得の動向

女性雇用者の所得は、２０１２年調査によると１００－１９９万円（28・5％）、１００万円未満（28・３％）で半分以上を占めており、また２００－２９９万円（19・８％）も多い。一方、男性は２００－２９９万円（18・２％）が最も多いが、５００－６９９万円（17・２％）、３００－３９９万円（16・７％）も多く、男性と女性の所得水準には明らかな差があり、女性雇用者は概ね低所得層に多く分布している。

雇用形態別にみると、正規の職員・従業員では、女性は３００万円未満で全体の過半数を占めており、５００万円未満では８割以上である。一方、男性は５００万円未満が全体の過半数で、７００万円未満で８割強となる。パートも、女性は２００万円未満が大半を占めるのに対し、男性は２００万円未満が８割弱である。正規雇用やパートなど雇用形態別にみても雇用者全体と同様に男性と女性には差がある。なお女性雇用者の所得を２００７年と比べると、１００万円未満が０・４％ポイント上昇した一方、７００－９９９万円が０・４％ポイント低下したが、他の層はほとんど変化なく、わずかに下方シフトしているものの総じて所得層間での動きはあまり見られない。逆に男性雇用者では明らかに所得層が下方にシフトしている。

このうち、中小企業の女性雇用者の所得は、１００万円未満（35・４％）が最も高く、１００－１９９万円（31・７％）とあわせて２／３を占めており、女性雇用者全体よりもさらに低い水準の所得層に集中している。２００７年と比べると、１００万円未満が１・８％ポイント上昇した一方で、それ以外の層はすべて低下しており、中小企業の女性雇用者は１００万円未満にシフトしている。なお１－19人の零細規模の中小企業では１００万円未満が41・２％を占める。総じて中小企業の女性雇用者は低所得層に偏っているといえる。

次に女性の平均給与を民間給与実態統計（国税庁）によりみてみると、男性より低く、また給与水準が低下する傾向がみられる。女性給与所得者全体では２０００年２８０万円から２０１２年には２６８万円に低下してきたが、この間に前年より上昇したのは２００７年と２０１０年だけで、緩やかではあるが低下傾向が続いている（**図表Ⅰ-２-８**）。ただ、男性は２０００年５６７万円から２０１２年５０２万円と１割以上も低下しており、男性と比較すると給与水準は低いものの低下率は小さい。中小企業（資本金１億円未満、個人企業を含む）については、女性は２０００年２５２万円であったが、２０１２年には２３８万円に低下した。一方、大企業では２０００年３０２万円、２０１２年２９０万円となっており、中小企業の女性の給与水準は大企業の概ね８割の水準で、中小企業全体（７割）に比べて格差は小さい。なお、２０１２年時点で、女性の正規雇用者は３５０万円、非正規雇用者は１４４万円であり、いずれも男性より低い。

（５）女性就業者の異動の動向

①女性就業者全体の異動

ここでは女性の転職についてみてみる。まず、15歳以上の女性のうち、２０１２年までの５年間に前の職場を辞めた女性は1、162万人で、2007年までの5年間に比べると53万人減少した（▲4・4％）。このうち転職就業者は597万人で、2007年と比べると24万人減少している（▲3・9％）。一方、離職非就業者は565万人で、2007年より29万人減少した（▲4・9％）。この

（図表Ⅰ－2－8）男女別の平均給与

（万円）

女性　年	資本金1億円未満＋個人	資本金1億円以上	小計	その他の法人	合計
1999	253.3	299.1	267.7	308.0	279.9
2000	252.2	301.7	268.5	306.6	280.0
2001	248.1	296.8	264.5	308.1	278.0
2002	246.2	297.5	262.9	309.4	277.7
2003	245.9	289.9	260.6	304.6	274.8
2004	245.8	289.2	260.2	302.0	273.6
2005	249.8	288.1	262.0	295.4	272.8
2006	243.1	292.4	258.6	295.8	271.0
2007	242.7	291.1	258.7	296.9	271.2
2008	242.3	290.5	258.3	299.3	271.0
2009	233.8	280.2	249.1	298.2	263.1
2010	239.1	282.9	253.7	300.0	269.3
2011	237.1	287.1	252.7	303.7	267.9
2012	238.2	290.2	254.6	300.9	267.8
男性　年	資本金1億円未満＋個人	資本金1億円以上	小計	その他の法人	合計
1999	502.7	676.0	579.3	521.1	567.4
2000	493.7	680.7	577.8	522.3	566.5
2001	485.0	671.6	568.5	517.2	558.1
2002	480.9	652.3	555.8	519.2	548.3
2003	473.9	654.5	552.6	512.0	544.2
2004	466.4	664.8	552.1	497.7	540.9
2005	472.6	660.2	549.8	495.3	538.4
2006	464.0	674.5	550.0	499.0	538.7
2007	463.2	675.7	553.5	501.5	542.2
2008	463.9	657.7	543.3	491.0	532.5
2009	430.0	615.0	504.3	479.3	499.7
2010	444.1	613.1	513.2	486.0	507.4
2011	432.5	618.3	506.1	493.5	503.8
2012	429.8	625.0	507.7	475.4	502.0

（資料）国税庁「民間給与実態統計」

間、男性では離職非就業者が41万人増加しており（＋11・0％）、女性とは対照的である。女性がどのような産業に移ったのかをみてみると、医療・福祉への転職就業者が30万人増と最も多く、サービス業（他に分類されないもの）も11万人増加した。一方、減少したのは製造業（▲15万人）、宿泊業・飲食サービス業（▲12万人）、卸売業・小売業（▲11万人）である。男性と比較すると、製造業、卸小売業が減少しているのは同じであるが、男性はサービス業(他に分類されないもの)が21万人と最も多く、次いで医療・福祉の14万人となっており、全体で最も増加した医療・福祉は女性の増加によるところが大きい。

②女性雇用者の異動

女性雇用者を取り巻く状況についてみてみよう。２０１２年調査では、過去5年間に雇用者から雇用者へと転職した女性は５５５万人で、同時期の男性４９９万人を上回った。また、転職前に正規の職員・従業員であった女性は１７５万人であったが、このうち81万人（46・４％）が正規の職員・従業員となり、94万人（53・６％）が非正規の職員・従業員となった。なお男性は転職前に正規であった３２８万人中、転職後に正規になった者２１９万人、非正規になった者１０９万人と正規が多く、女性と男性では逆の傾向がみられる。一方、転職前に非正規であった女性は３８０万人であったが、このうち68万人（18・０％）が正規の職員・従業員となり、３１１万人（82・０％）が非正規の職員・従業員となった。なお、正規から非正規に異動した女性の割合

（２０１２年53・６％）は、２００７年（52・８％）と比べやや上昇したものの大きな変化はないが、男性は２００７年の28・４％から２０１２年には33・２％と４・８％ポイントも上昇している。

女性の転業者や新たに就業した者（入職者）の動きをみると、２０１２年調査時点の女性雇用者のうち２００７年以降に転職・入職した者は、上記の転職者も含めて１、２３０万人であった。これは女性雇用者全体の約半分に相当し、女性雇用者の２人に１人が２００７年以降の５年間に新たな職場で就業を開始したことになる。残り半分が２００６年以前から同じ職場に就業している女性雇用者である。また、正規の職員・従業員となった女性は３９３万人、非正規となった者が８２６万人で、非正規雇用に就業した女性の方が圧倒的に多い。

これを規模別にみると、中小企業には５４８万人が就業しており、転職・入職した者の44・６％である。その他は大企業に３３３万人（27・０％）、官公庁・その他の法人・団体に３２２万人（26・２％）がそれぞれ就業している。女性の雇用についても、中小企業の雇用吸収力は大きいといえる。なお、中小企業に就業した者のうち、正規雇用が１５６万人、非正規雇用が３８３万人であり、女性全体と同様、非正規雇用の割合が高い。

２００７年以前の就業開始時期にさかのぼってみると、女性雇用者全体のうち２００２−２００６年に就業した者は１９６万人、１９９７−２００１年では１２０万人、１９９２−１９９６年では77万人などとなっている。男性と比較すると、正規雇用では比較的近年に就業した者の割合が高いのが特徴である。女性の正規雇用者の就業開始時期は、2007年以降の5年間で38・4%を占めており、男性（28・7%）より高く、その分2006年以前に就業した者の比率が低くなっている。一方、女性の非正規雇用者は、2007年以降の比率が59・9%と高く、非正規雇用の6割が過去5年間の就業である（なお、男性も65・7%と高い）。また2002−2006年では18・1%であり、これを加えると女性の非正規雇用のほぼ8割がここ10年間に就業している。こうした傾向は中小企業でもほぼ同様で、また大企業ともあまり差がない。

3 中小企業と高齢者・若年者雇用

（1）年齢別の就業構造

まず、年齢別の就業状態であるが、2012年10月1日現在の15歳以上人口1億1、082万人のうち60歳以上が4、103万人（37・0%）で、50代1、562万人（14・1%）、40代1、765万人（15・9%）、30代1、722万人（15・5%）、20代1、326万人（12・0%）となっており、10代（15歳以上）は604万人（5・5%）である（**図表Ⅰ-2-9**）。

就業状態別に見ると、有業者は40代が最も多く1、464万人で、以下30代、60歳以上、50代、20代の順に多い。一方、無業者は当然のことながら60歳以上が最も多く2、836万人である。また2007年と比べると、有業者は60歳以上と40代が増加し、その他の世代では減少した。60

歳以上には団塊の世代が含まれ、40代にはその子世代が含まれるため、相対的に多くなっている。次に、２０１２年の15歳以上の人口に占める有業者の割合（有業率）をみると、全体では58・１％であるが、30代～50代では80％を超えている。20代は74・０％、60代以上は30・９％であり、有業率は30代から50代までが高い台形型である。２００７年と比較すると全体で１・７％ポイント低下するなかで、10代、20代と40代では低下したが、30代、50代と60歳以上では上昇しており、傾向として若年者層では低下、高齢者層では上昇している。

なお、男女別にみると男性は30歳から54歳までいずれも90％を超え台形型であり、２００７年と比較すると２０１２年には全ての年齢で有業率が低下している。一方、女性はよくいわれるように30代を底とするM字型であるが、２０

（図表Ｉ－２－９）年齢別就業構造

（千人、％）

2012年	総数	有業者	雇用者	雇用者以外	無業者	有業率
10代	6,041 5.5%	939 1.5%	928 1.6%	11 0.2%	5,103 11.0%	15.5%
20代	13,259 12.0%	9,817 15.2%	9,613 16.9%	204 2.8%	3,442 7.4%	74.0%
30代	17,217 15.5%	13,846 21.5%	13,075 22.9%	771 10.4%	3,371 7.3%	80.4%
40代	17,648 15.9%	14,640 22.7%	13,522 23.7%	1,119 15.1%	3,008 6.5%	83.0%
50代	15,620 14.1%	12,505 19.4%	11,123 19.5%	1,382 18.6%	3,115 6.7%	80.1%
60～	41,030 37.0%	12,674 19.7%	8,749 15.3%	3,925 53.0%	28,356 61.1%	30.9%
合計	110,815 100.0%	64,421 100.0%	57,009 100.0%	7,412 100.0%	46,394 100.0%	58.1%

（資料）図表Ｉ－２－１に同じ
（注１）10代と合計は15歳以上
（注２）上段は実数、下段は構成比

07年と比較すると概ね全ての層で2007年より有業率が上昇している。また、30代前半が上昇してM字型の底が30代前半から30代後半に移るとともに、30代全体の有業率が底上げされたことによりM字型の底がやや浅くなってきている。

過去の推移をみると、有業率全体では緩やかに低下してきているが、年齢別には60歳以上の低下が全体を大きく引き下げており、また10代、20代、40代も若干低下している。一方、30代と50代は上昇している。

年齢別に従業上の地位をみると、自営業主は60歳以上が311万人、家族従業者も60歳以上が76万人で、これらは60歳以上が最も多い。一方、雇用者（役員を含む）では40代が1、352万人と最も多く、30代、50代も1千万人を超えている。2007年と比べると、雇用者は40代と60歳以上で増加した一方、自営業者は60歳以上以外のすべての年齢層で減少し、高齢化が進んでいる。ここにも団塊の世代の影響がみられる。

次に中小企業の雇用者について年齢別にみると、雇用者2、707万人のうち、40代606万人と30代597万人が多く、次いで60歳以上550万人、50代504万人、20代400万人の順となっている（**図表Ⅰ-2-10**）。大企業と比較すると、中小企業では60歳以上の構成比が高く、逆に20代〜40代の構成比が大企業より低くなっており、高齢者の比率が高めである。特に零細規模（1－19人）の中小企業においてはその差が大きくなっている。20代では大企業20・1％に対して零細規模の中小企業が12・5％なのに対し、60歳以上では大企業8・7％に対して零細規模の中小企業は25・２％である。零細規模の中小企業では高齢者が１／４を占めている。

時系列の推移をみていくと、15歳以上の人口が１９８７年の９、７３４万人から２０１２年には１億１、０８２万人に増加してきたのに対し、年齢別には各調査年とも団塊の世代とその子世代の人口が多く、また、60歳以上の人口は一貫して増加してきている。この中で有業者は、１９９７年をピークにやや減少してきているが、年齢別の動きは15歳以上の人口とほぼ同様であり、高齢者の増加、若年者の減少がみられる。有業者のうち雇用者についても同じ傾向である。一方無業者は、50代以下の層ではあまり変化はなく、60歳以上が増加し続けている。

次に雇用者のうち中小企業の雇用者につ

（図表Ⅰ－２－10）規模別年齢別雇用者

（千人、％）

2012年	全雇用者	1～299人			300人以上	規模別計	官公庁等
			1～19人	20～299人			
10代	928	486	233	254	324	811	71
20代	9, 613	4, 000	1, 564	2, 436	3, 331	7, 331	2, 086
30代	13, 075	5, 972	2, 496	3, 476	4, 076	10, 048	2, 836
40代	13, 522	6, 063	2, 685	3, 378	4, 304	10, 366	2, 956
50代	11, 123	5, 042	2, 346	2, 696	3, 111	8, 153	2, 823
60～	8, 749	5, 504	3, 146	2, 358	1, 435	6, 939	1, 619
合計	57, 009	27, 067	12, 470	14, 597	16, 580	43, 647	12, 390

構成比	全雇用者	1～299人			300人以上	規模別計	官公庁等
			1～19人	20～299人			
10代	1. 6%	1. 8%	1. 9%	1. 7%	2. 0%	1. 9%	0. 6%
20代	16. 9%	14. 8%	12. 5%	16. 7%	20. 1%	16. 8%	16. 8%
30代	22. 9%	22. 1%	20. 0%	23. 8%	24. 6%	23. 0%	22. 9%
40代	23. 7%	22. 4%	21. 5%	23. 1%	26. 0%	23. 8%	23. 9%
50代	19. 5%	18. 6%	18. 8%	18. 5%	18. 8%	18. 7%	22. 8%
60～	15. 3%	20. 3%	25. 2%	16. 2%	8. 7%	15. 9%	13. 1%
合計	100. 0%	100. 0%	100. 0%	100. 0%	100. 0%	100. 0%	100. 0%

（資料）図表Ⅰ－２－１に同じ

いてみると、足元では全体的にやや減少傾向にあるのに対し60歳以上は増加が続いており、中小企業の雇用者のうち60歳以上は、1987年の223万人から2012年には550万人に増加した。減少が目立つのは20代で、1987年の607万人から2012年には400万人まで減少している。一方、大企業では、20代が1987年には380万人とかなり多かったこともあり、2012年でも333万人と、中小企業同様にこの間減少したもののまだ全体の2割程度を維持している。また、60歳以上は、増加してきたとはいえ2012年でも144万人にとどまっている。中小企業、大企業ともに雇用者の高齢化が進んでいるが、その度合いは中小企業の方が大きいといえよう。

こうした中小企業における年齢別の雇用者の動向は、男女別ではどのようになっているのか、次にみてみよう。中小企業では、前に述べたように女性雇用者の割合が大企業よりも高く、また雇用者に占める高齢者の比率も高い。中小企業の女性雇用者は、全体では2007年に増加した後、2012年に減少しているが、60歳以上の女性雇用者は2012年においても増加してきている。このため中小企業の女性雇用者に占める60歳以上の比率は、1987年の6・3%から2012年には19・9%に上昇した（**図表Ⅰ-2-11**）。これに対して20代では比率が低下しており、1987年の22・5%から2012年は15・3%となった。一方、大企業では、女性雇用者の20代の比率が1987年には41・4%と4割を超える高い水準であったが、2012年には22・8%と中小企業同様に低下しており、この間年齢層の高い女性雇用者の比率が高まってきた。

40代の女性雇用者は24・９％を占め、20代よりも多くなっている。また、60歳以上は１９８７年の２・２％から２０１２年には８・５％となったが、中小企業と比較するとまだ低い水準である。なお、男女別の構成比をみると、大企業は30代以上の年齢層で女性比率が軒並み上昇している。一方、中小企業では、もともと女性比率が大企業よりも高かったこともあり、40歳から下の層では大きな変動はみられない一方、50歳以上の層では高まってきている。特に60歳以上の女性比率は１９８７年の31・９％から２０１２年には41・３％に上昇した。

(２) 年齢別の正規・非正規雇用

ここでは年齢別の正規・非正規雇用の動向をみてみよう。雇用者を雇用形態別にみると、２０１２年で正規の職員・従業員は３、３１１万人であ

(図表Ⅰ－２－11) 女性雇用者の年齢別構成比

従業者1～299人						
年	1987	1992	1997	2002	2007	2012
10代	4.3%	3.6%	3.0%	3.1%	2.3%	2.2%
20代	22.5%	22.9%	24.5%	21.7%	17.8%	15.3%
30代	22.5%	17.6%	17.2%	19.0%	21.0%	20.2%
40代	27.1%	28.2%	25.5%	20.6%	20.4%	22.9%
50代	17.3%	19.5%	20.5%	23.9%	23.1%	19.4%
60～	6.3%	8.2%	9.4%	11.6%	15.3%	19.9%
合計	100.0%	100.0%	100.0%	100.0%	100.0%	100.0%
従業者300人以上						
年	1987	1992	1997	2002	2007	2012
10代	6.7%	5.5%	3.2%	3.4%	3.3%	2.6%
20代	41.4%	42.0%	38.0%	31.5%	26.2%	22.8%
30代	19.0%	15.9%	18.2%	23.6%	25.5%	23.5%
40代	19.9%	21.8%	22.5%	20.3%	21.5%	24.9%
50代	10.9%	12.1%	14.9%	17.8%	18.1%	17.7%
60～	2.2%	2.7%	3.3%	3.4%	5.5%	8.5%
合計	100.0%	100.0%	100.0%	100.0%	100.0%	100.0%

(資料) 図表Ⅰ－２－１に同じ

るが、年齢別には30代907万人、40代872万人が多く、50代668万人、20代617万人の順となっている。60歳以上の正規雇用者は222万人と少ない。雇用者に占める正規雇用の比率は、30代69・4％、40代64・5％、20代64・2％、50代60・1％となっており、一方60歳以上では25・4％である（**図表Ⅰ－2－12**）。これに対し、雇用者に占める非正規雇用の比率は、30代～50代は概ね3割前後だが、20代は35・4％とやや高く、60歳以上は56・8％、10代は73・7％となる。高齢者ではパートや契約社員の比率が高い。なお、雇用者全体には役員等が含まれており（雇用者の6・1％）、60歳以上では役員等が17・9％を占める。

2007年と比べると、正規の職員・従業員は121万人減少したが、年齢別には40代と60歳以上で増加し、それ以外の年齢層では減少しており、ここにも団塊の世代と団塊ジュニア世代の影響がみられる。一方、非正規雇用では、派遣社員が20代、30代を中心に減少したが、パート、アルバイト、契約社員は増加した。パートは40代と60歳以上で、契約社員は20代以外のすべての年齢層で、それぞれ増加している。

正規雇用の比率の推移を年齢別にみると、雇用者全体で比率が低下（1987年74・9％→2012年58・1％）してきた中で、各年齢層共に

（図表Ⅰ－2－12）正規雇用比率の推移

年	1987	1992	1997	2002	2007	2012
10代	70.8%	63.5%	45.7%	27.5%	28.2%	26.3%
20代	85.9%	84.2%	79.4%	68.8%	64.8%	64.2%
30代	79.9%	79.4%	78.8%	73.9%	70.7%	69.4%
40代	72.0%	70.4%	70.0%	66.3%	64.5%	64.5%
50代	69.3%	67.7%	67.8%	62.4%	60.3%	60.1%
60～	39.5%	39.0%	36.3%	28.2%	27.3%	25.4%
合計	74.9%	72.4%	70.1%	63.1%	59.9%	58.1%

（資料）図表Ⅰ－2－1に同じ

軒並み低下している。特に著しいのは10代で、1987年には70・8%だったのに対し2012年には26・3%まで大幅に低下した（▲44・5%ポイント）。また20代も1987年85・9%から2012年64・2%と大きく低下しており（▲21・7%ポイント）、60歳以上では1987年39・5%から2012年には25・4%となった（▲14・1%ポイント）。総じて、若年者で正規雇用の比率の低下が目立つが、高齢者も低下してきている。

次に中小企業の雇用者についてみると、中小企業の正規の職員・従業員は2012年で1、404万人であるが、年齢別には30代393万人（28・0%）、40代352万人（25・0%）が多い。次いで50代263万人（18・7%）、20代237万人（16・8%）で、60歳以上は147万人（10・5%）となっている。各層の正規雇用比率は全体では51・9%であるが、30代が65・8%、20代が59・1%、40代が58・0%で、50代では52・1%となり、60歳以上は26・8%である（**図表Ⅰ-2-13**）。雇用者全体の正規雇用の比率と比較すると、中小企業については50代以下の正規雇用の比率は概ね低い水準であるが、60歳以上では雇用者全体の水準をやや上回ってい

（図表Ⅰ－2－13）規模別正規雇用比率

2012年	全雇用者	1～299人	1～19人	20～299人	300人以上	規模別計	官公庁等
10代	26.3%	25.5%	16.4%	33.9%	24.6%	25.1%	51.1%
20代	64.2%	59.1%	53.4%	62.8%	64.6%	61.6%	76.7%
30代	69.4%	65.8%	59.0%	70.7%	71.6%	68.3%	75.6%
40代	64.5%	58.0%	49.5%	64.8%	71.3%	63.9%	70.0%
50代	60.1%	52.1%	43.8%	59.3%	65.4%	57.8%	70.0%
60～	25.4%	26.8%	29.3%	23.4%	20.1%	26.5%	26.9%
合計	58.1%	51.9%	45.1%	57.6%	63.5%	56.7%	66.7%

（資料）図表Ⅰ－2－1に同じ

る。

一方、非正規雇用をみると、中小企業全体では９９７万人であるが、そのうち60歳以上が２６７万人と多く、40代１９４万人、30代１７５万人、50代１６５万人、20代１６０万人の順となっている。中小企業の非正規雇用のうち男性が３３４万人、女性が６６３万人であるが、女性雇用者は各年齢層ともに非正規雇用が多く、30代から60歳以上の各層でそれぞれ百万人を超えているのに対し、男性は60歳以上のみ百万人を超えており他の年齢層と格段の差がある。60歳以上では男性の非正規雇用者が女性と肩を並べるほどに多い。男性は60〜65歳の間に再就職して正規雇用から非正規雇用に移るケースが多いためと思われる。

時系列でみると、中小企業の正規の職員・従業員は２００２年から２０１２年にかけて減少してきているが、年齢別には10代と20代が大きく減少、50代もやや減少している。一方40代はやや増加し、60歳以上では２００２年の１０５万人から２０１２年には１４７万人と大きく増加している。30代はほぼ横ばいであった。少子化や団塊の世代（および団塊ジュニア世代）の影響はあるものの、大企業と比較して特に20代の正規雇用の減少が目立つ。また、非正規雇用者についてパートとアルバイトの合計でみると、足元の推移はほぼ横ばいで２０１２年には７４７万人となったが、年齢別には60歳以上が増加し、10代、20代が減少している。年齢別の動きには、団塊の世代の影響が強く反映されているものの、趨勢的な高齢化と若年者の減少が中小企業においても目立ってきているといえる。

（3）年齢別就業者の異動の動向

２０１２年までの5年間に転職した者（転職就業者）を年齢別にみると、１、１９１万人の転職就業者のうち30代が３３１万人（転職就業者の27・８％）と最も多く、20代２８３万人（同23・７％）、40代２３３万人（同19・６％）の順となっており、20～30代で全体の半分を占める。なお、60歳以上も１７１万人（同14・４％）と比較的多いが、これは定年後の再就職が多く含まれているものと思われる。男女別にみると、男女ともに20～30代で転職就業者の5割を占めているが、男性では20代（27・３％）、30代（22・２％）及び60歳以上（20・８％）が多い。一方で40代（16・２％）、50代（12・６％）は少なく、男性では40～50代の転職が難しい様子がうかがわれる。一方、女性は男性と比較して40代（23・０％）が多い。

4　中小企業の就業構造

以上、就業構造基本調査により近年の雇用動向をみてきたが、中小企業について整理すると以下の通りである。

（1）中小企業の雇用動向

①中小企業の雇用についてみると、官公庁等を除く雇用者のうち中小企業の比率は2012年で62・0％であるが、このところ減少してきており、一方大企業は増加している。中小企業は雇用のほぼ2／3を占め、中小企業が雇用の多くを吸収していることに変わりはないが、最近における中小企業の雇用吸収力には陰りがみえ、先行きが懸念される。

②産業別に中小企業の雇用者のウェイトが高いのは、建設業、卸売業・小売業、製造業などであるが、このところサービス業以外の大半の産業で中小企業の雇用者が減少している。サービス業では特に医療・福祉が増加している。

③雇用形態別には、2012年で正規の職員・従業員が3、311万人なのに対し、非正規雇用者は2、043万人となり2千万人を突破した。中小企業では、正規の職員・従業員は1、404万人で雇用者の51・9％を占めているが、雇用者全体の58・1％と比べると低水準である。中小企業では正規雇用が減少し、また非正規雇用は横ばい傾向にあり、最近の非正規雇用の増加にはあまり寄与していない。一方、大企業では非正規雇用が増加しており正規雇用も減少していない。産業別にみると、中小企業で正規の割合が低い産業は宿泊業・飲食サービス業、生活関連サービス業・娯楽業などのサービス業で、卸売業・小売業も低い。

④所得水準は、中小企業は大企業の概ね7割前後の水準で推移してきており、また水準が低下する傾向がみられる。雇用を吸収しているサービス業では全般に平均給与が低い傾向にある。

⑤この5年間の就業異動をみると、雇用者全体の約4割が転職・新規就職をした。このうち中小企業には5割、大企業に3割、官公庁・その他の法人・団体に2割が就業した。中小企業は、雇用者が総じて減少傾向にあるとはいえ、就業異動の受け皿として大企業よりも大きな役割を担っており、雇用の吸収力は依然として大きいといえる。ただ、非正規雇用の割合が高い。

(2) 女性の雇用

①女性の就業状況についてみると、中小企業には大企業より多くの女性が雇用されており、中小企業では女性雇用者の比率が高い。ただ、中小企業の雇用は全体だけでなく女性、男性ともに減少傾向にある。

②産業別の中小企業の女性雇用についてみると、サービス業における女性雇用の増加が中小企業の女性雇用全体を下支えしており、製造業、卸小売業からサービス業への女性雇用者の移動が著しく進んでいる。なお、サービス業の中でも医療・福祉産業が女性を中心に雇用の下支え役を担ってきている。

③女性無業者は女性有業者より多いが、そのうち就業希望者は男性の1・7倍もおり、女性の雇用予備軍の多さを物語っている。

④雇用形態別にみると、女性の正規雇用が多いのは官公庁等で、中小企業、大企業ともに、女性の正規雇用の比率は低い（非正規雇用の比率が高い）。中小企業では特にパートの比率が高いが、

最近では大企業や官公庁等で増えている一方で中小企業ではパートは増えていない。また正規の職員・従業員についても、大企業等に比べると中小企業での減少が目立つ。なお中小企業では、女性雇用者全体が微減となる中で正規雇用から非正規雇用へのシフトがみられる。

⑤女性雇用者の所得についてみると、男性の所得水準とは明らかな差があり、女性雇用者は低所得層に多く分布している。また、中小企業の女性雇用者の所得は女性雇用者全体よりもさらに低い水準の所得層に集中しており、中小企業の女性雇用者は低所得層に偏っている。中小企業の女性の給与水準は大企業の概ね8割の水準で推移してきており、男女全体（7割）に比べて格差は小さい。なお、男性雇用者全体では、所得層が下方にシフトしてきている。

⑥女性の就業移動についてみると、離職非就業者が減少しており、男性の離職非就業者が増加したのとは対照的である。転職では、女性は特に医療・福祉などサービス業への転職が多い。過去5年間の女性雇用者の転職・新規就職者は女性雇用者全体の約半分を占めており、女性雇用者の2人に1人が5年間に新たな職場で就業を開始している。なお、非正規雇用に就業した女性の方が圧倒的に多い。

⑦転職・新規就職者のうち、中小企業に44・6％、大企業に27・0％、官公庁・その他の法人・団体に26・2％がそれぞれ就業しており、女性の雇用についても、中小企業の雇用吸収力は大きいといえる。なお同様に非正規雇用の割合が高い。

(3) 年齢別の雇用

①年齢別の中小企業の雇用者についてみると、大企業と比較して60歳以上の構成比が高く、逆に20代～40代の構成比が低い。特に零細規模の中小企業においてはその差が大きい。時系列でみると、全体として減少傾向にある中で60歳以上は増加が続いている。比率の低下が目立つのは20代である。中小企業、大企業ともに雇用者の高齢化が進んでいるが、その度合いは中小企業の方が大きい。なお、男女構成比をみると、中小企業では、もともと女性労働者の比率が大企業よりも高かったこともあり、40歳から下の層では大きな変動はみられない一方、50歳以上の層では比率が高まり特に60歳以上の女性雇用者の比率が大きく上昇している。

②雇用形態別にみると、中小企業の正規雇用の比率は、雇用者全体と比較して50代以下が概ね低い水準にある。中小企業の女性雇用者は各年齢層ともに非正規雇用が多いのに対し、男性は60歳以上だけが多い。また大企業と比較して特に20代の正規雇用の減少が目立つ。年齢別の動きには、団塊の世代の影響が強く反映されているものの、趨勢的な高齢化と若年者の減少が中小企業においても目立ってきている。

5 付加価値と雇用の創出

（1） 中小企業の付加価値と雇用吸収力

ここまで、中小企業における雇用動向について主に雇用者の側から見てきた。中小企業の雇用吸収力にはこのところ若干ながら陰りが出てきており、それがわが国全体の雇用の減少につながった可能性があることがみえてきた。ただ一方では、中小企業は、女性や高齢者の雇用などにおいて大企業よりも比率が高く、大企業に先行して活用してきている様子もうかがわれる。

ここで、中小企業の雇用吸収力について、中小企業の経営の側からみてみる。企業は、売上や粗利益のなかから雇用者に賃金を支払う。企業の生み出す付加価値が雇用吸収力の源泉である。就業構造基本調査でみたように、中小企業の雇用はバブル崩壊後に頭打ちとなり、足元では減少傾向すらみせている。中小企業の雇用吸収力が低下したのは、中小企業が生み出す付加価値が低迷するようになってきたことが影響しているのではないか。企業の雇用吸収力の源泉は、企業が生み出す付加価値であり、付加価値が増加しなければ新たな雇用を生み出すことはできない。そして、付加価値のうちどの程度を人件費に振り向けることができるか（労働分配率）が、中小企業の雇用吸収力の鍵を握っている。

まず全体の動きからみると、中小企業の付加価値はこのところ低迷しており（図表Ⅰ-1-6）、人件費も減少傾向にある。そこで人件費の動きを一人当たり人件費と雇用者数の動きに分解してみると、中小企業では２０００年代前半から一人当たり人件費の減少の度合いが大きくなり、それが中小企業の人件費全体の減少に影響したことがわかる。一方、大企業は中小企業とは異なり、人件費は全体としてほとんど変動のない状態であった。しかし２０００年代後半になると、中小企業では雇用者数の増加と一人当たり人件費の減少がしばらく続いた後、雇用者数が減少に転じるとともに人件費全体が減少するに至った。一方大企業では、一人当たり人件費の減少と雇用者数の増加という逆の動きが拮抗し、人件費全体では横ばいないし微増となる状況が続いている。

一人当たり人件費が減少する状況は１９９０年代後半に初めて現れた現象であり、また雇用者数の減少も１９９０年代後半から頻繁にみられるようになってきた。特に中小企業においては、付加価値が頭打ちから減少に転じてきたなかで、一人当たり人件費の削減だけでは間に合わず雇用者数が減少することが多くなっているとみられ、これは大企業が一人当たり人件費を削減する一方で、雇用はなんとか維持してきた状況と比較して対照的ともいえる。前でみたように、大企業は非正規雇用を増加させてきているが、それにより一人当たり人件費を抑制し、雇用を全体としては維持するだけの付加価値を生産してきている一方、中小企業は雇用を維持するだけの付加価値を生み出すことが困難となってきている可能性がある。

次に労働分配率であるが、中小企業の労働分配率は過去から高水準で推移してきており、中小企業は付加価値の多くを人件費に振り向けてきた。しかしながら、中小企業の付加価値はバブル崩壊後、やや縮小気味である。これらから推測すると、中小企業はもともと大企業に比べ労働生産性が低く、過去には高い労働分配率で雇用を維持してきた面があったが、一方ではこれ以上労働分配率を高めることが難しい水準に達しており、このため付加価値を生み出す収益力が低下したときには、労働分配率を引き上げることで雇用を吸収するという方法がとれなくなってきたのではないか。労働生産性低下➡労働分配率は高水準で引上げ困難➡雇用吸収力が低下、という過程を辿ってきた様子がうかがわれる。一方で、大企業は、労働生産性の向上と、非正規雇用の拡大により労働分配率の上昇を抑制し、中小企業とは異なって低い賃金での雇用を拡大することで雇用吸収力を維持してきたものと思われる。

(2) 少子高齢化・人口減少と雇用

中小企業の雇用吸収力には、バブル崩壊後、特に2000年代に入って陰りが見えてきた。中小企業の雇用には減少傾向がみられるようになってきており、特に男性雇用者が減少している。また雇用形態別にみると、正規雇用は中小企業、大企業ともに減少している一方、非正規雇用は、大企業が増えているのに対し中小企業は減っている。このため、大企業においては、非正規が中心ではあるが全体として雇用が増加しており、中小企業の雇用が減少しているのとは対照的である。従来、中小企業は、そのボリュームの大きさから雇用吸収に大きな役割を果たしてきたといわれ、現在もその大きさは維持しているものの、徐々に縮小の兆しがみえはじめている。

付加価値との関連でいえば、中小企業も過去においては付加価値を増やしそれを雇用の増加や賃金の引き上げに充ててきた。その背景にはもちろん生産性の向上があった。しかし、労働分配率が既に相当高い水準となってきていたこともあり、バブル崩壊後、付加価値が伸び悩むと、雇用の増加も賃金の引き上げもする余裕が失われてきた。実際に中小企業の雇用は減少し、賃金も低下している。

一方、産業との関連でいえば、中小企業においても製造業の雇用が縮小し非製造業が吸収するという過程をたどってきており、これは経済のサービス化と呼応した動きではある。しかし、雇用吸収力という側面からみると、サービス業は概して低生産性産業であり、雇用は生産性の低い産業にやむを得ず吸収されたという側面があるのではないか。一般に従来型のサービス業は生産性が低く、雇用を吸収する力はあっても低賃金であるという側面を有している。これを逆に言えば、（従来型のサービス業ではない）高付加価値を生み出す成長産業が雇用の拡大の役割を担ってこなかったともいえよう。あるいは、経済のグローバル化が進み海外に新たな競争相手が出現し、国内企業は安い労働力を求めて海外へ向かったことで、企業自身が得る付加価値は国内の消費市場（内需）に依存しながら、雇用面では国内の雇用増加に寄与しない企業が成長してきたのではないかとも考えられる。

先行きわが国は少子高齢化・人口減少により働き手が減少していく。雇用の供給面からみると、少子高齢化・人口減少が始まり、新たな雇用の供給が先細りになっていくこと、いわゆる団塊の世代が60歳を超え徐々に退職、引退しはじめていることなど、わが国の雇用の供給は減少していくことが予想されている。企業の人手不足は既に現実のものとなりつつある。これに対し、労働市場に参加していない女性の労働予備軍を労働市場に呼び込むことや、高齢者の引退を先に延ばし労働市場への供給を維持すること、こうした方策が求められている。それに加えて、少子高齢化・人口減少が進展するわが国では、先行き雇用者がより多くの一人当たり付加価値を生み出していかなければならない。そのためには雇用がより多くの付加価値を生み出す産業、成長産業に供給されていくことが重要である。現在、雇用が増加しているのは、相対的に低付加価値のサービス業、医療・福祉分野であり、こうした分野での高付加価値化が求められる。さらには新たな高付加価値産業の創出も併せて進めていく必要があろう。わが国は、女性や高齢者の労働市場への参加と、より多くの付加価値を生み出す産業、成長産業における高付加価値化の両方を進めていく必要がある。

【注】

（1）従業者規模別については、2002年に分類が変更され「その他の法人・団体」が規模別とは別枠で掲載されているが、本論ではこれを官公庁等に含めている。従って規模別の雇用者数は1997年以前と比較してその分少なくなっている。なお「その他の法人・団体」の雇用者は2002年573万人、2012年736万人であった。

（2）医療・福祉関連の社会福祉法人など会社以外の法人については、例えば厚生労働省の介護サービス施設・事業所調査によると、2011年の介護保険施設は1万1、197施設で、従事者数は53万人、1施設当たり47・4人であった。

第3章 中小企業の競争力と設備投資

わが国経済は、少子高齢化・人口減少社会を迎えつつあり、先行き国内の消費者が減少すると同時に、労働者も減少していくという状況に向かうことが予想される。中小企業にとっては、労働者の減少は働き手の減少であり、消費者の減少は需要（売上）の減少につながる。内需に依存する中小企業にとって、このままでは生み出す付加価値が減少していくことが避けられないであろう。今後、中小企業が付加価値を生み出していくためには、働き手が減少することを前提とすると労働生産性を引き上げていくことが必要となる。

ここで、設備投資との関係を念頭に労働生産性を分解すると、「労働生産性＝設備投資効率×資本装備率」であるので、労働生産性を引き上げるには、設備投資の効率性を向上させるか、資本装備率を引き上げるかのいずれか、あるいは両方を実現していく必要がある。以下では、中小企業の設備投資が付加価値や労働生産性の向上にどのように影響したのか、また中小企業の競争力の強化に役立ってきたのかどうかなど、競争力と設備投資の関係について、中小企業を中心にみていくこととしたい。

1 競争力と設備投資

わが国の設備投資はバブル崩壊後、長期にわたり低迷してきた。その結果、企業の競争力は弱体化してきたのではないかといわれている。一般に、企業の競争力はその企業の有する経営資源に依存する。経営資源とは、「ヒト」、「モノ」、「カネ」の３つが主であり、「情報」などを加える場合もある。これらが企業の競争力の源泉となる。設備投資は、経営資源のうち「モノ」である。企業が競争力を発揮するためには、設備に備わっている技術、言い換えれば技術革新を実際の企業の生産能力に結びつける設備投資（とその結果としての資本ストック）が重要な要素となる。技術革新による新しい技術の導入は、企業が研究開発することで自動的に実現するものではない。企業が新しい技術を備えた設備投資を行うことによって、はじめて企業の生産能力、競争力となる。そして最終的には、他の経営資源（ヒト、カネ、情報など）と設備が結びつき企業の生産性を向上させ、付加価値を生み出していくことができるといえよう。設備投資を単なる物的な投資行動と捉えるのではなく、他の経営資源との有機的な結合を図ることが企業の競争力にとっては重要なポイントになる。

競争力をこのように捉えた場合、設備投資の長期低迷により新しい設備の導入が遅れれば遅れるほど、進展する技術革新に乗り遅れていき、企業の競争力は劣化することとなる。設備が古いままでは、他の経営資源との有機的な結合により競争力の向上を図ることも困難となっていくであろう。これは企業の生産性にマイナスの影響を及ぼす。言い換えれば、企業の競争力の維持強化のために障害となるのが設備の老朽化である。老朽化は技術革新を体現する新規設備投資が遅れていることを意味する。わが国では、長期にわたる設備投資低迷の結果として、国内設備が老朽化し競争力の劣化をもたらしているのではないか。設備投資の抑制による設備年齢（ビンテージ）の上昇は生産性の低迷につながり、わが国で長引いたデフレの一因となってきた可能性もある。

2 設備投資の決定要因

では、設備投資は何によって決定され実行されるのか。設備投資の決定要因としては、資本コストと収益性が主なものである。資本コストは、設備投資に必要なコストであり、金利や償却費などが該当する。設備投資にとっては負の要因である。一方、収益性は設備投資により見込める将来の収益であり、先行きどのような需要見通しが立てられるかに依存する。設備投資の正の要因である。なお、中小企業にとっては、設備投資に必要な資金（設備資金）を借入する際の借入の難易度も、投資決定に影響する。また、設備の過剰感が設備投資を抑制する局面もあり、こうした設備判断も設備投資を左右する一つの要因といってよい。

以下では、資本コストと収益性という設備投資の２つの決定要因についてみる。

（1）資本コスト

まず、資本コストであるが、資本コストは設備の投資時（購入）から稼働し最後に除却されるまで必要なすべての費用である。これには、設備の投資時にかかる資金調達コストである金利のほかに、設備の稼働による減耗、除却時の損失（設備の陳腐化等によるもの）、などがある。このうち金利については、従来は、金利が低ければ企業の資金調達に伴う支払い負担が軽減され、設備投資は活発になるとされてきた。しかし最近では、超金融緩和下にあって低金利状態が続いているにもかかわらず、設備投資は過去と比較するとあまり活発化しておらず、逆に低迷する傾向にある。日本においては、企業は過去とは異なり資金余剰主体となってきており、余剰資金を有する企業（特に大企業）にとっては資金面の制約が少なくなってきていることから推測すると、設備投資の決定要因としての金利の影響度合いは徐々に薄れつつあると考えられる。資本コストとしての金利については、２０００年代に入り超低金利、ゼロ金利時代を迎えたことで、金利の低下により設備投資が活発になるという状況ではなくなった。バブル崩壊後は、金利に代わり過剰設備の整理など、除却や償却といった資本コストの負担が大きくなってきている。

ただし、中小企業はその資金調達の多くを間接金融に依存している。そのため従来から、金利水準に影響されるとともに、設備資金の借入の難易度、金融機関の貸出態度にも影響を受けてきた。中小企業が設備投資を決定するにあたっては、金融機関との取引関係が大きな影響を及ぼす。借入にあたっては中小企業自身の財務内容が重視される。さらに近年では、中小企業の財務に加えて、金融機関の側の経営の健全性の問題が、中小企業の借入の難易度を高め、結果として中小企業の設備投資を制約した可能性があるとも指摘されている。

(2) 収益性

次に、設備投資のもう一つの決定要因である収益性であるが、設備投資により将来にわたって期待できる収益は、中期的には期待成長率に依存し、短期的には景気変動による需要の変動に依存する。中小企業の経営者は、経済・金融環境の先行きや需要の見通しなどを検討した上で、将来のキャッシュフローを見積もり、その際のリスクについても検討する。これらにより、期待収益が資本コストを上回ることが見込めるとき、設備投資は活発になると思われる。

最近では、金利水準よりも将来期待できる収益水準のほうが、投資の決定要因として有力となってきた、という指摘もある。バブル崩壊後、中小企業はいわゆる「3つの過剰」問題に直面した。これは雇用、設備、借入の3つの過剰であるが、こうした問題の解消に向けて、中小企業は新たな設備投資を抑制した。期待収益の増加(経済成長)があまり見込めなくなったことから、将来の収益性に比べて現在の経営資産(雇用、設備、借入)が過剰となってきたのである。設備が過剰であれば当然、新規設備投資には慎重にならざるを得ない。最近の動きをみると、3つの過剰が指摘されていた時期、特に２０００年代に入ってからもしばらくは設備過剰感が残っていたが、２００５年度以降になると徐々に解消されてきた。しかし２００８年度はリーマンショックの影響で一気に設備過剰感が高まり、その後は徐々に弱まってきたものの過剰感は残ったままで推移した。２０１４年に入りようやく過剰感が解消されつつある。

設備過剰感は、企業収益が景気動向を反映してどの程度見込めるのか、企業の期待収益に依存するところが大きい。設備投資の決定要因として鍵を握るのは経済の期待成長率であるといえよう。これについて経済財政白書（２００６年）では、設備投資を抑制してきた要因として、過剰設備だけでなく、過剰債務もあったと指摘している。それは、「過剰債務が存在する下では、企業は設備投資よりも債務の返済を優先する。このため理論的には設備投資を抑制することが考えられる。企業の設備投資は、実物面だけでなく、過剰債務や取引先の銀行の脆弱性といった資金制約によっても抑制されてきた可能性がある」ということである。

なお、将来の収益見通しに影響を与える要因として２０００年代に大きな問題とされてきたものに、デフレがある。中小企業経営者からすれば、設備を購入・設置しても、デフレ経済下では、１年後にはその設備をもっと安く買えるようになるであろう。とすれば、相当の収益向上が見込めることが投資の前提となる。加えてデフレ経済では、物価の下落は中小企業にとっては名目としての売上が目減りすることにつながる恐れもある。必然的に、経営者としては設備投資には後ろ向きになるであろう。デフレは将来の収益見通しを悲観的なものにする。

設備投資の収益性を考える上で、２０００年代にデフレ経済に陥るにつれクローズアップされてきたのが不確実性である。わが国ではバブル崩壊後、経済が長期低迷する中で期待成長率が低下するとともに、経済全体の不確実性が高まってきた。さらに２０００年代にかけてデフレ経済に陥ったことで、企業収益の見通しは不確実性を増した。企業の期待収益の不確実性が、設備投資を抑制する要因として作用するといわれるようになった。設備投資には常にリスクがつきまとうが、通常はどういうリスクがあり、どこまでリスクを見積もるか、という投資判断を行った上で、設備投資を実施する。リスクという場合にはある程度測定可能なことを指していることが多い。しかし、デフレに陥ったわが国経済においては、将来のリスクの測定が困難となり、リスクをコントロールできず不確実性が高まってきている、といわれるようになったのである。不確実性が高まってきた状況下においては、中小企業にとり、自社を取り巻く現在の経営環境から、通常なら設備投資を行うことが収益増につながると判断される場合でも、将来の経営環境の不確実性から設備投資を延期、あるいは中止する可能性が高まる。デフレは収益見通しを悲観的なものにするが、デフレ経済の終息がなかなか見通せない状況では、収益見通しそのものを不確実にする、という面も有しているといえよう。

なお、設備投資に関する実証研究では、不確実性が設備投資を抑制する効果は特に２０００年代以降に顕著であり、また業種を問わず不確実性の高まりが設備投資を抑制してきているとの指摘がある。中小企業が新たな設備投資により生産性を向上させ、競争力をつけていくためには、まず経済全体がデフレから脱却して不確実性を低減させることが必要であり、また一方では、中小企業経営者が投資機会を冷静に見極め、将来見通しに基づく設備投資により収益機会を逃がさず獲得していくことも求められよう。

3　IT投資と無形資産

企業の競争力、とりわけ国際競争力の観点から重要な投資の一つにＩＴ投資がある。１９９０年代以降、世界の経済成長や構造転換を促進した要因としてＩＴ革命は最大のものともいわれた。その波及経路はいくつかに分けられる。まず企業のＩＴ投資によりＩＴ資本が蓄積されることで労働生産性が上昇し競争力が強化される。次に、生産性の高いＩＴ産業が成長することによって、経済全体の生産性が上昇する。最後に、ＩＴ投資の効果が他企業（業種）へ波及していくことで他企業（業種）の生産性が上昇する。ＩＴ投資は、設備投資の中でも様々な経路で企業の労働生産性の向上、競争力の強化に寄与することが期待できるものとして有望であるとされている。中小企業も含めＩＴを活用することで労働生産性を向上させていくことが、競争力の強化にとって重要であると思われる。

（1）日本のＩＴ投資

日本におけるＩＴ投資や労働生産性の状況については、総務省の「ＩＣＴの経済分析に関する調査」で詳しく分析がなされている。中小企業と大企業に分類した規模別の分析ではないが、本調査によりＩＴに関連する設備投資や労働生産性の推移をみていくこととしたい。

わが国企業のＩＴ投資の動向をみると、１９９０年代以降、バブル崩壊で経済が低迷し設備投資が全体として不振であった時期においても、企業のＩＴ投資は活発になされた。バブル崩壊後、企業はバランスシート調整を余儀なくされ、設備投資についても減少あるいは横ばいの傾向が続いたが、ＩＴ投資はそうした中にあっても増勢を維持したのである。「ＩＣＴの経済分析に関する調査」では、わ

（図表Ｉ－３－１）日本の情報化投資とストック

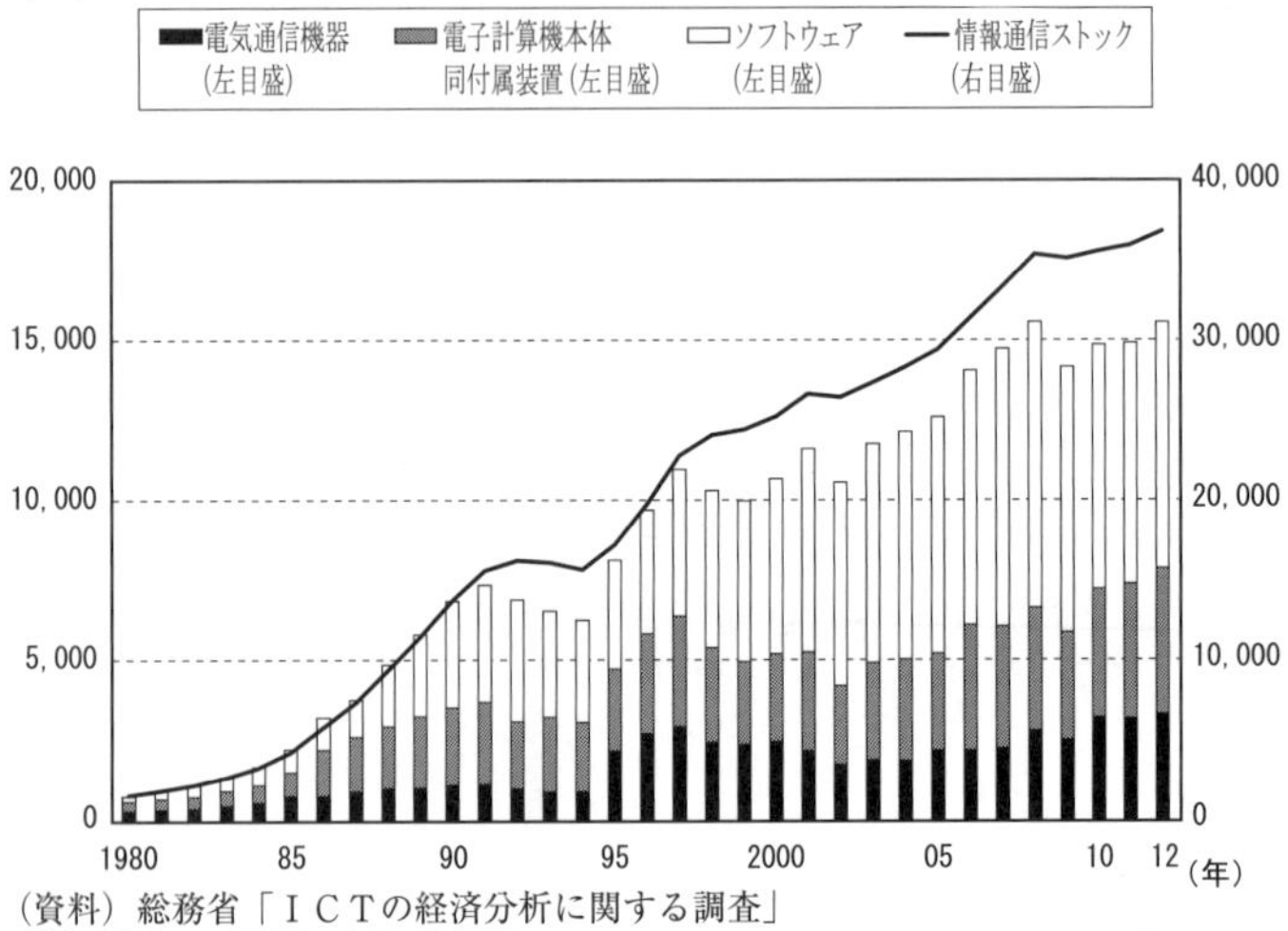

（資料）総務省「ＩＣＴの経済分析に関する調査」
（注）単位：10億円、2005年価格

が国企業のＩＴ投資（情報化投資）について、２００５年価格での推移を公表しているが、これによると、１９８０年のＩＴ投資額は７、２００億円で、設備投資全体に占める比率は２・３％に過ぎなかった（図表Ｉ－３－１、２）。この時の設備投資は約31兆円である。また１９８２年においてもＩＴ投資はようやく１兆円台に乗ったところであった。しかし、その後は概ね堅調に増加し、そのテンポはほぼ一貫して設備投資を上回った。このため、ＩＴ投資が設備投資全体に占める比率は上昇を続け、１９９２年には10％台となった。さらにバブル崩壊後もＩＴ投資は増加し、１９９７年には10兆円を超えた。ＩＴ景気のピークであった２００１年にはその比率は18・０％となっ

（図表Ｉ－３－２）設備投資に占める情報化投資比率

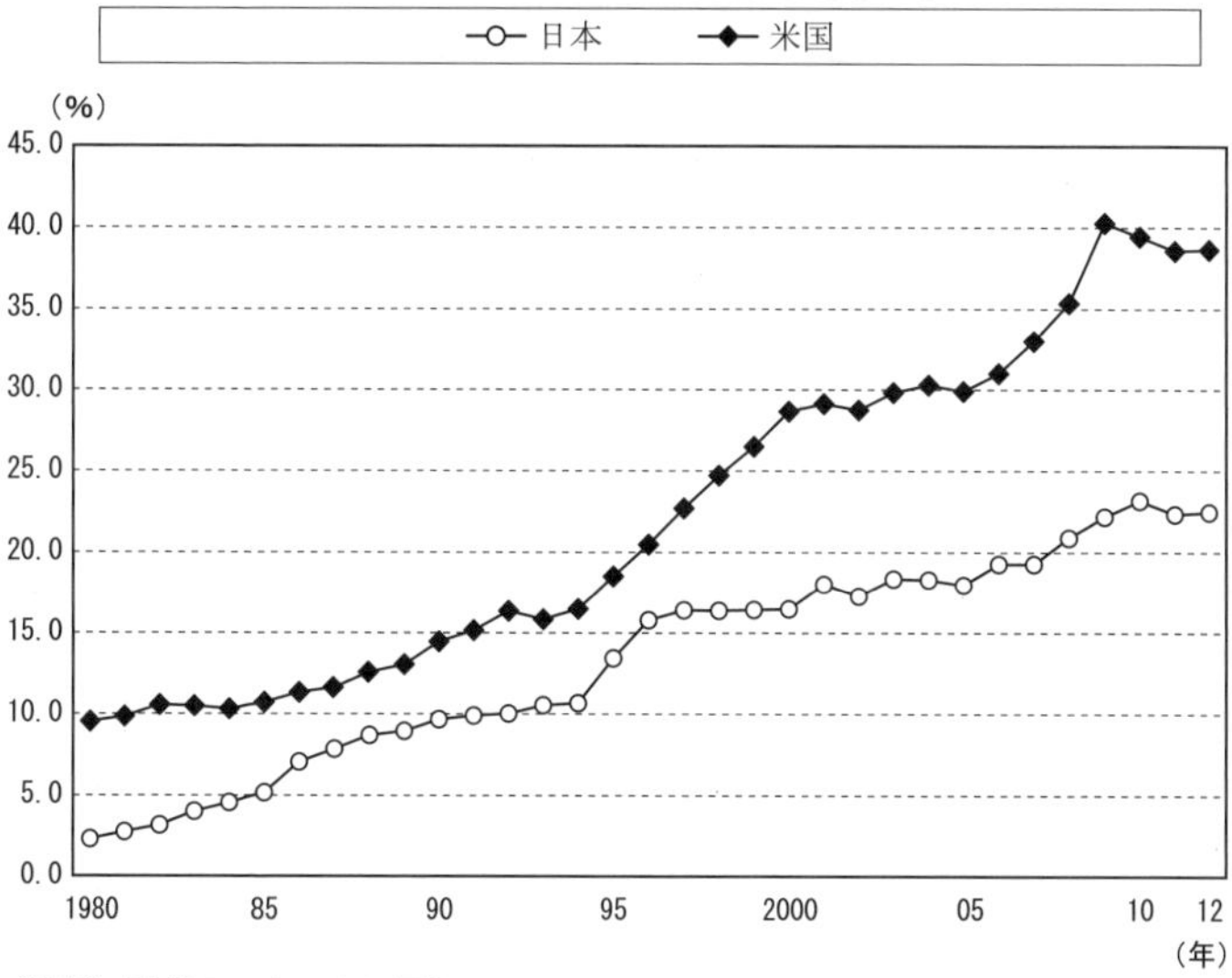

（資料）図表Ｉ－３－１に同じ

た。ＩＴバブル崩壊で２００２年にはやや低下したが、ＩＴ投資はその後再び増加してきている。２００８年以降は、設備投資全体に占める比率が20％を超えた。足元２０１２年のＩＴ投資は２００５年価格で15・5兆円となり、設備投資に占める比率は22・5％である。

ＩＴ投資の内訳をみると、ソフトウェアが過去からほぼ一貫して最も多い。次いで電子計算機本体・同付属装置、電気通信機器の順となっている。１９９０年代前半には、ソフトウェアと電子計算機本体・同付属装置がほぼ並ぶ時期もあったが、１９９０年代後半からはソフトウェアが大きく伸びてきている。２０１２年でみると、ソフトウェアが７・７兆円でＩＴ投資全体の49・5％とほぼ半分を占めており、電子計算機本体・同付属装置は４・５兆円（29・2％）、また電気通信機器は３・３兆円（21・2％）である。

なお同調査では米国の動向も分析しているが、これによると、２０１２年における米国のＩＴ投資は、２００５年価格で４、４２６億ドル、民間企業設備投資の38・6％を占めている。ＩＴ投資の内訳をみると、ソフトウェアが１、８８４億ドルで、電子計算機・同付属機器１、３４５億ドル、電気通信機器１、１９７億ドルとなっており、日本同様にソフトウェアの比率が高い。

米国はＩＴ化については世界でも抜きんでており、日本と比べると高い伸びが続いてきたことから、日米のＩＴ投資の水準を比較すると格差が拡大する傾向が続いてきた。さらに、米国のＩＴ投資はリーマンショック後も順調に回復してきたのに対し、日本では伸び悩みが続いている。１９９５年を１００として日米のＩＴ投資の推移を比較すると、米国は４年後の１９９９年には既に235・6と2倍以上に増加するなど、順調に伸びてきたのに対し、日本ではリーマンショックが起きた2008年にようやく191・9となったが、その後は低下し、足元2012年でも191・7である。いまだに2倍まで到達していない。この間に米国の水準は2012年で488・9とリーマンショック前の水準（2008年、413・7）を上回り、1995年の5倍近くまで増加してきている。

このように、日本のIT投資は、設備投資の中では健闘しているとはいえ、米国と比較すると、まだ力不足であることは否めない。

一方、資本ストックについてみると、IT資本ストックは概ね順調に増加してきている。ただ、民間の資本ストック全体に占める比率はまだあまり高くはない。2005年価格で比較すると、1990年代半ばに2％台に乗ったものの、その後の上昇テンポは緩やかで、足元2012年のIT資本ストックは36・8兆円、民間資本ストックに占める比率は2・9％である。

これに対し、米国における2012年時点でのIT資本ストックは既に1兆ドルに達しており、民間企業資本ストックに占める割合は6・7％である。IT資本ストック面でも、日米の格差は拡大傾向にある。1990年を100とすると、日本と比べ米国のIT資本ストックの伸びが高かったことから、2012年には日本214・2に対し米国は524・5と、日米の差は2倍以上に開いている。

最後に、設備投資と競争力という観点から、IT産業の労働生産性の動きをみていくこととしたい。同調査によると、日本のＩＴ産業の労働生産性は２０１２年で12・7百万円／人である。過去の推移をみると、１９９５年から２００７年まで上昇傾向を辿ってきた。１９９５年には7・6百万円であったが、２００２年には10百万円を突破し（10・5百万円）、２００７年には13・1百万円となっている。しかし２００８年には低下に転じ、リーマンショック後の世界同時不況下にあった２００９年にはさらに大きく低下した。その後、２０１０年にはやや回復したものの、２０１１年からは再び低下してきている。これに対し、米国のＩＴ産業の労働生産性は２０１２年で18万ドル／人である。過去の推移をみると、２００７年頃までは概ね日本と同じような推移で上昇してきたが、リーマンショック後、日本の労働生産性が低下してきたのに対し、米国では再び上昇しており、足元ではやや差が拡大している様子がうかがわれる。

一方で産業全体の労働生産性と比較してみると、ＩＴ産業の労働生産性は２０１２年時点で産業全体のほぼ1・5倍の水準にある。また、産業全体の労働生産性向上に対するＩＴ産業の寄与度はおおむねプラスで推移してきた。

この調査では、ＩＴ投資の労働生産性への寄与についても分析している。ＩＴ投資による資本装備率の上昇（ＩＴ資本財の資本深化）についてみてみると、労働生産性成長率へのＩＴ資本財の寄与度は一貫してプラスであり、ＩＴ分野への投資は１９９５年以降、労働生産性を引き上げてきたと指摘している。

このように、ＩＴ産業あるいは企業のＩＴ投資は、日本の労働生産性にプラスの影響を与えてきたといえるが、それでも日本全体の労働生産性やＧＤＰの状況からみると、日本におけるＩＴ投資の効果は米国に比べまだ力不足、物足りないといえるのではないか。

なお情報通信白書（２００２年）では、個別企業について、ＩＴ投資の内容は基盤整備の段階を終え、コスト削減や新規市場開拓等のための投資が進捗してきているとし、さらに今後ＩＴ化を進める際には様々な補完的な条件整備を行う必要があることも広く認識し、業務内容や業務の流れの見直し等を併せて行うべきとしている企業が多いことを指摘している。

上記のように、ＩＴ投資は基盤整備の段階を終えたといえるが、今後ＩＴ投資を生産性の向上に結びつけていくためには、単にＩＴ設備の導入だけではなく他のソフト面の投資も併せて進める必要があると思われる。これについて経済財政白書（２０１３年）では、特に非製造業でのソフト面の投資が遅れているとして、次のように指摘している。

「これまで企業の生産活動に活用されてきたＩＴ（資本、投資）は、業務効率化が中心で、製造業における生産管理や企業間取引の効率化を目的としたＳＣＭ（Supply Chain Management）導入などに活用されてきた。徐々に、顧客管理、マーケティング、人事給与経理（間接部門）、などへのＩＴ活用が進んでいる。ハードウェアの質は年々高まっており、より幅広くＩＴ投資を活用し、ＩＴ資本蓄積とＴＦＰ（Total Factor Productivity：全要素生産性）上昇を同時に達成していくためには、非製造業においてもソフト投資の積極的、戦略的活用が求められる。」

今後、中小企業も含め、ＩＴ投資の促進にあたっては、同時にソフト面の投資（組織改革、人的資本への投資など）を積極的に行うことが、生産性の向上、ひいては競争力の強化につながっていくものと思われる。

（2）無形資産

ここで、設備投資そのものではないが、設備投資と密接に関連している無形資産について触れておきたい。先述の通り、企業の設備投資は他の経営資源（ヒト、カネ、情報など）と有機的に結びつくことで企業の生産性を向上させ、付加価値を生み出す。無形資産と設備とを有機的に結合していくことが重要である。

経済財政白書（２０１１年）では、無形資産の重要性を指摘している。同白書によると、生産性を高める効果のある活動として、ブランドの構築、経営組織の改善、教育訓練による人材の育成などといった活動も重要であり、こうした活動が蓄積された無形資産の重要性が国際競争の場においても増しているとしている。そして無形資産を、①情報化資産、②革新的資産、③経済的競争能力の３つに分類し、投資額を試算しているが、その結果をみると、無形資産投資はわが国GDPの１割強を占める。なお具体的な内訳は、①が受注ソフトウェア、パッケージ・ソフトウェア、データベースなど、②が自然科学分野の研究開発、資源開発権、著作権・ライセンスなど、③はブランド資産、人材、組織構造などである。また、無形資産の対GDP比は名目では上昇傾向にあるが、実質では２０００年代に入って横ばいとなっていることや、有形資産との比較では、米国が既に無形資産が有形資産を上回っているのに対し、わが国ではまだ下回っていることを指摘している。そして、情報化資産と革新的資産への投資は多いが、経済的競争能力への投資は他の先進国に見劣りしていると述べている。また、製造業、中でも加工型製造業で無形資産の割合が高めであること、それに比べて非製造業は全体として製造業よりも無形資産の割合がそれほど高くないとしている。こうした状況からすれば、わが国では設備投資により技術革新を生産性に結び付けていくと同時に、無形資産の蓄積を進め設備投資との有機的な結合を図っていくことも必要であると思われる。非製造業でも特にサービス業は、製造業のように研究開発や有形資産投資による生産性向上には限界があり、単なる設備投資だけでは往々にして生産性向上に結びつかない。経済的競争能力であるブランド資産、企業固有の人的資本、組織構造などといった無形資産の蓄積が重要になってくると思われる。

ただし、サービス業の設備投資については、無形資産に加えて考慮しなければならないポイントがある。それはサービス業における生産と消費の同時性である。この特徴、製造業とは顕著に異なるサービス業の特徴である同時性は、設備投資を実施した後のサービス業の生産性や競争力に大きく影響する。生産と消費の同時性には、①空間的・地理的な同時性と、②時間的な同時性の2つの側面があるが、この同時性があるためにサービス業では原則として在庫が存在しない。また製造業の製品とは異なり輸送が極めて困難である。したがってサービス業が設備投資を行う場合には、期待収益の前提となる需要見通しが投資決定要因として大きな意味を持つことになる。

例えば、時間的な同時性については観光業が典型的な例である。週末に需要が集中する、あるいは需要の季節変動が大きい。したがって観光業の生産性は低くなりがちである。この需要変動をどう評価して設備投資を行い、また無形資産（人的資産など）と結合させていくか、がサービス業の生産性、競争力に大きく影響することとなる。サービス業においては、設備投資の際にこの同時性をいかに評価するかが重要である。

4 中小企業の競争力

(1) 競争力を示す生産性

次に実際の中小企業の競争力について、設備投資という観点からみていく。まず、中小企業が設備投資によって競争力をつけてきているのかどうかを、どのような指標によって推測するかであるが、ここでは競争力の指標として労働生産性を用いることとしたい。企業は設備投資により競争力を強化し、より多くの付加価値を生み出す。付加価値＝労働力×労働生産性であり、設備投資は労働生産性を向上させ付加価値の増加に寄与するものである。

ところで、日本では人口、特に生産年齢人口が減少する時代を迎えている。労働力は付加価値にはマイナスの寄与となっていく。したがって、わが国がＧＤＰ、あるいは一人当たりの国民所得を維持し、増やしていくためには、企業が労働生産性の向上により付加価値を増加させることが必要である。ここにおいて、設備投資は、資本の増加と技術革新を具備した新しい設備への更新という２つの経路で企業の労働生産性を向上させ、付加価値、ひいてはＧＤＰの増加に寄与する。

労働生産性は、設備投資との関係では有形固定資産を用いて以下のように分解される。

労働生産性＝付加価値／労働力

＝（付加価値／有形固定資産）×（有形固定資産／労働力）

＝設備投資効率×資本装備率

つまり労働生産性は、①技術進歩等により労働生産性が高まる（設備投資効率の上昇）、②新規の設備投資により有形固定資産が増加し、労働から資本への代替が進行する（資本装備率の上昇）、の２つのルートにより向上する。

企業の競争力の基盤となるのは労働生産性であり、また労働生産性は経済成長の源泉でもある。以下では、法人企業統計をもとに労働生産性を算出し、分析を進める。なおここでは減価償却費を含めた粗付加価値ベースで分析する。粗付加価値ベースはＧＤＰ統計に近い概念であり、以下、粗付加価値ベースで、企業の競争力の評価基準となる労働生産性や、設備投資効率、資本装備率などについて分析することとする。

なお、これは企業レベルでみた労働生産性であり、経済全体でみれば生産要素（資本、労働など）が生産性の低い産業から高い産業へと移動することで産業構造が高度化し労働生産性が上昇するという、生産要素の再分配による労働生産性の向上もある。逆に言えば、技術革新を背景に新規設備投資を企業が行うことにより企業レベルで労働生産性が上昇しても、経済全体としての資本や労働の構成・配分が効率的でない場合には経済全体の労働生産性は向上しないことに留意する必要がある。

（2）労働生産性の推移

粗付加価値ベースでの全体の労働生産性の推移をみると、1980年代半ばには5百万円台となり、後半には6百万円台、バブル景気時の1990年度には7百万円台に乗った（**図表Ⅰ-3-3**）。しかしバブル崩壊後はほぼ横ばいとなり、労働生産性は1990年代に上昇傾向がストップした。

（図表Ⅰ－3－3）労働生産性の推移

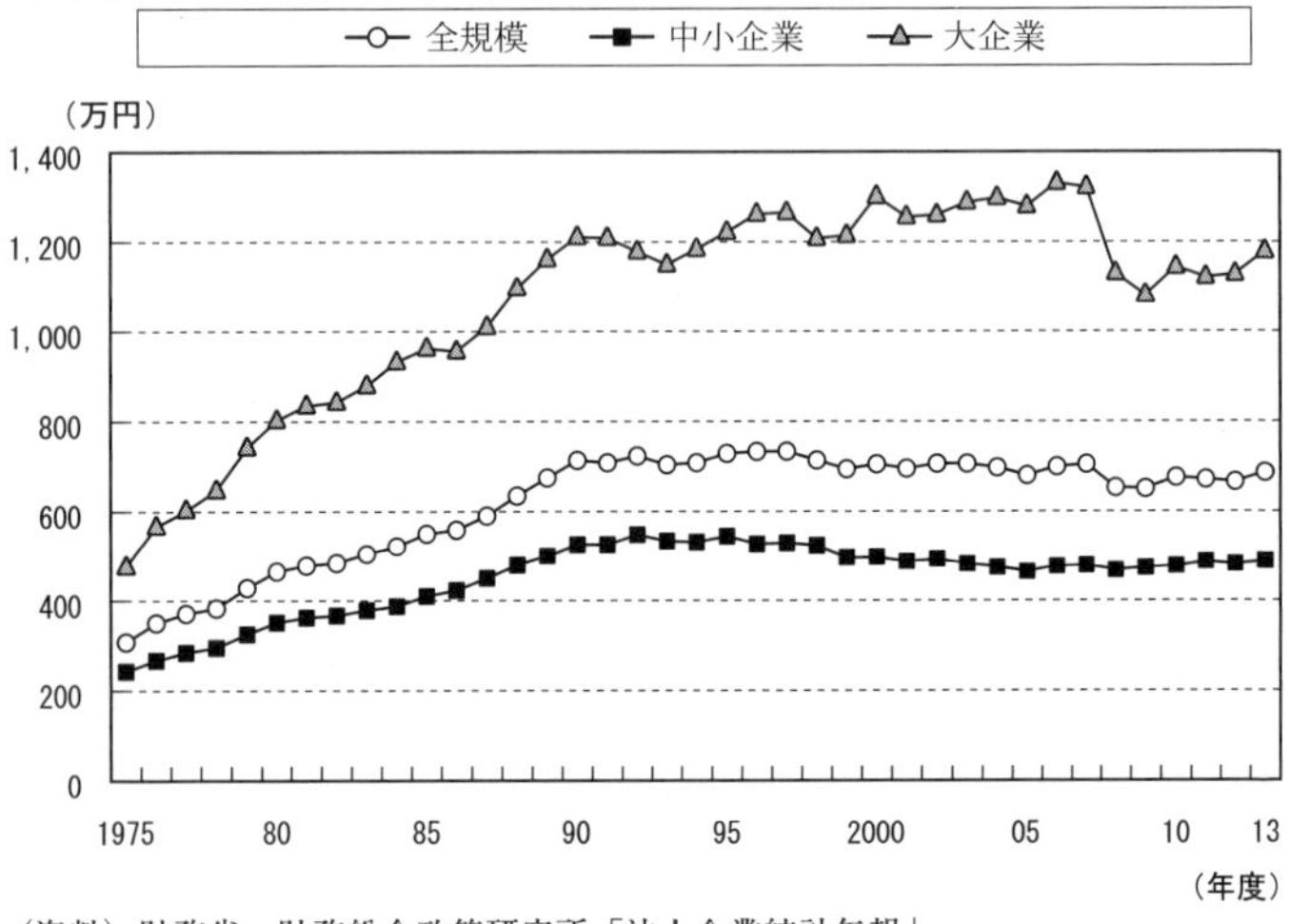

（資料）財務省　財務総合政策研究所「法人企業統計年報」
（注）中小企業は資本金1億円未満、大企業は資本金1億円以上（以下同じ）

また、2000年代にかけては7百万円を割り込むようになり、労働生産性はなかなか低迷状態から脱することができなかった。さらに、リーマンショックが起きると大きく低下し、2008年度には6・5百万円まで下落している。その後は若干回復したものの、2013年度でも6・9百万円弱であり、1990年代以前と比較して低水準で推移している。

これを規模別に見ると、中小企業と大企業の規模間格差は大きい。まず中小企業では、1980年代に入ったころは3百万円台であったが、1990年代に入る頃まで上昇傾向が続いた。1985年度には4百万円、バブル景気時の1990年度には5百万円となっている。しかしその後、バブル崩壊とともに1992年度（5・5百万円）をピークに低下に転じた。この低下傾向は2000年代に入っても続いており、わが国が長期の景気回復期にあった時期においても中小企業の労働生産性は低迷し、一時は4・6百万円台となった。各年代の平均水準をみると、1980年代4・1百万円から1990年代には5・3百万円となったが、2000年代は2010年度以降も含め概ね4・8百万円程度である。

これに対し大企業の労働生産性は、1980年度には既に8百万円に達している。また、これ以降も1980年代、1990年代、さらに2000年代に入ってもほぼ一貫して上昇傾向を維持した。この間、1987年度には1千万円台に乗り、1990年度には1千2百万円台、2000年度には1千3百万円台に達した。IT不況時にはやや低下したが、その後の長期にわたる景気回復期には再び上昇している。しかし、リーマンショック時には大きく落ち込み、2009

年度には1千万円台となり、その後はやや上昇したものの、２０１３年度で1千1百万円台と１９９０年代の水準を下回っている。大企業においては、いまだにリーマンショックや世界同時不況の影響から脱し切れていない状況にあるといえよう。

中小企業と大企業の労働生産性は、１９９０年代、２０００年代と格差が拡大する傾向が見られた。しかし、リーマンショック時の中小企業の落ち込みは大きくなく、一方で大企業が大きく落ち込んだことから、格差はやや縮小した。大企業の労働生産性を１００とした場合の中小企業の労働生産性の格差の推移を追うと、１９８０年代には40台前半で推移し、後半からはやや上昇（格差が縮小）した。１９９０年代前半には縮小傾向が止まったものの、１９９０年代後半からは格差は拡大に転じた。さらに２０００年代には格差の拡大傾向が加速し30台となった。ボトム（格差が最大）は２００６年度の35・8である。リーマンショック後には格差は縮小し40台となった。２０１３年度は41・5である。

次に、業種別の労働生産性をみると、製造業が労働生産性の上昇を牽引してきた。製造業の労働生産性は、趨勢的に上昇傾向を辿ってきており、その水準は１９８０年代の5百万円台から6百万円台に、１９９０年代には7百万円台から8百万円台に上昇した。２０００年代に入っても上昇傾向は持続し、ピークの２００７年度には９２４万円に達した。リーマンショックと世界同時不況時には急激に下落し、２００９年度には7・7百万円となったが、足元２０１３年度には8・5百万円まで回復している。

製造業について規模別に見ると、中小製造業は１９９０年代からは概ね横ばいないし低下気味で推移した一方で、大企業製造業は上昇してきた。１９９０年代から２０００年代にかけての動きを比較すると、中小製造業は１９９０年代５・３百万円から２０００年代は５・１百万円と低下し、そのピークは１９９０年代（１９９７年度５・５百万円）であり、また足元では5百万円台を割り込んでいる（２０１３年度４９８万円）。一方、大企業製造業では１９９０年代の11・7百万円から２０００年代には13・5百万円に上昇してきており、そのピークは２００７年度の15・2百万円であった。足元２０１３年度は13・2百万円である。製造業では、大企業に比べ中小企業の労働生産性の低迷が目立っており、過去、全体の労働生産性については製造業がその上昇を牽引してきたものの、大企業製造業の寄与が大きかったといえよう。

これに対して非製造業では、１９８０年代に製造業同様に上昇傾向を辿り、4百万円台から6百万円台まで上昇した。しかし１９９２年度の7・0百万円をピークに、バブル崩壊後はほぼ横ばいとなり、１９９０年代はほとんど改善しなかった。さらに、１９９０年代末頃からは逆に労働生産性が低下するようになった。その低下傾向は２０００年代に入っても続き、リーマンショックの頃の２００８年度には6・0百万円まで低下した。ただ製造業と比較すれば、非製造業においてはリーマンショックと世界同時不況の影響はそれほど大きくなく、またその後は回復傾向を辿った。２０１３年度では6・4百万円である。

非製造業を規模別にみると、製造業同様に中小企業と大企業との格差は大きいが、その格差は拡大してはおらず、大企業非製造業を100としたとき、中小非製造業は概ね45程度の水準で推移してきている。ただし格差は縮小もしていない。足元では中小非製造業が2013年度4・9百万円なのに対し、大企業非製造業は同11・1百万円である。

以上でみてきたとおり、中小企業の競争力を労働生産性で評価すると、バブル崩壊後、1990年代から2000年代にかけて、その競争力は（大企業と比較しても）むしろ低下してきているのではないか、という状況にあることが推測される。そこで次に、設備投資との関係をより詳しくみることとしたい。

（3）設備投資効率と資本装備率

ここでは設備投資と関係で労働生産性の動きをより詳しく分析するために、労働生産性を分解し、有形固定資産の動きがどのように労働生産性に影響しているのか、みてみることとする。

先ほど述べたとおり、企業が生産活動に用いる有形固定資産と労働生産性の関係から、労働生産性＝設備投資効率×資本装備率となり、労働生産性は設備投資効率と資本装備率に分解される。設備投資効率は、企業が設備をどれだけ効率的に使用しているかを示す指標である。設備投資効率の上昇により労働生産性が上昇しているのであれば、それは企業が設備をより効率的に活用して付加価値を生み出し、労働生産性の上昇を実現していることを示す。一方、資本装備率は労働者一人当たりで使用する設備であり、資本装備率の上昇により労働生産性が上昇しているのであれば、企業が機械化等、新たな設備投資を行うことで同じ労働力でもより多くの生産を可能にする、いわば労働を設備（資本）で代替することにより労働生産性の上昇を実現していることを示す。なお、付加価値についてはここでも上記同様、減価償却費を含めた粗付加価値である。

①設備投資効率

設備投資効率は、資本投入当たりの効率（資本生産性）である。企業がより多くの付加価値を生産できる最新鋭の設備を導入したときに、増加した有形固定資産よりも設備投資で新たに生産する付加価値の増加の比率が上回れば、設備投資効率は上昇する。また、効率化を実現するために新たな設備を導入し、より少ない有形固定資産で今までと同等以上の付加価値が得られた場合にも、設備投資効率は上昇する。

設備投資効率の推移を見ると、全体では1980年度頃には1・5程度であったが、以降は徐々に低下してきた（**図表I-3-4**）。1980年代から1990年前後にかけては、わが国はバブル経済に向かい、労働生産性は上昇傾向にあったが、設備投資効率は逆にほぼ一貫して低下してきた様子がみられる。この低下傾向は1990年代に入っても続き、上記の1・5から1998年度には0・975と1を下回る水準にまで低下した。その後は、2000年度、2001年度はIT景気とその後の不況で短期的に上下したものの、2001年度を底に持ち直してきており、2000年代はほぼ上昇傾向での推移となっている。2007年度には1・192にまで上昇した。また、設備投資効率はリーマンショック時にもあまり低下することなく、２００９年度の１・１７８から足元２０１３年度には１・２６８まで上昇した。こうした設備投資効率の推移をみていくと、バブル崩壊後、わが国の企業はバランスシート調整を余儀なくされ、さらに設備、雇用、借入という３つの過剰問題に直面したが、その解消に向けて努力してきた時期と設備投資効率の上昇の時期が一致している。２０００年前後を底に設備投資効率が反転して上昇に向かった背景には、企業における過剰設備の解消に向けた動きにより、より効率的な設備の稼働が可能となったことがあると思われる。この間、労働生産性についてはあまり改善がみられず、設備投資が新たな有効需要を喚起したとまではいえな

（図表Ⅰ－３－４）設備投資効率の推移

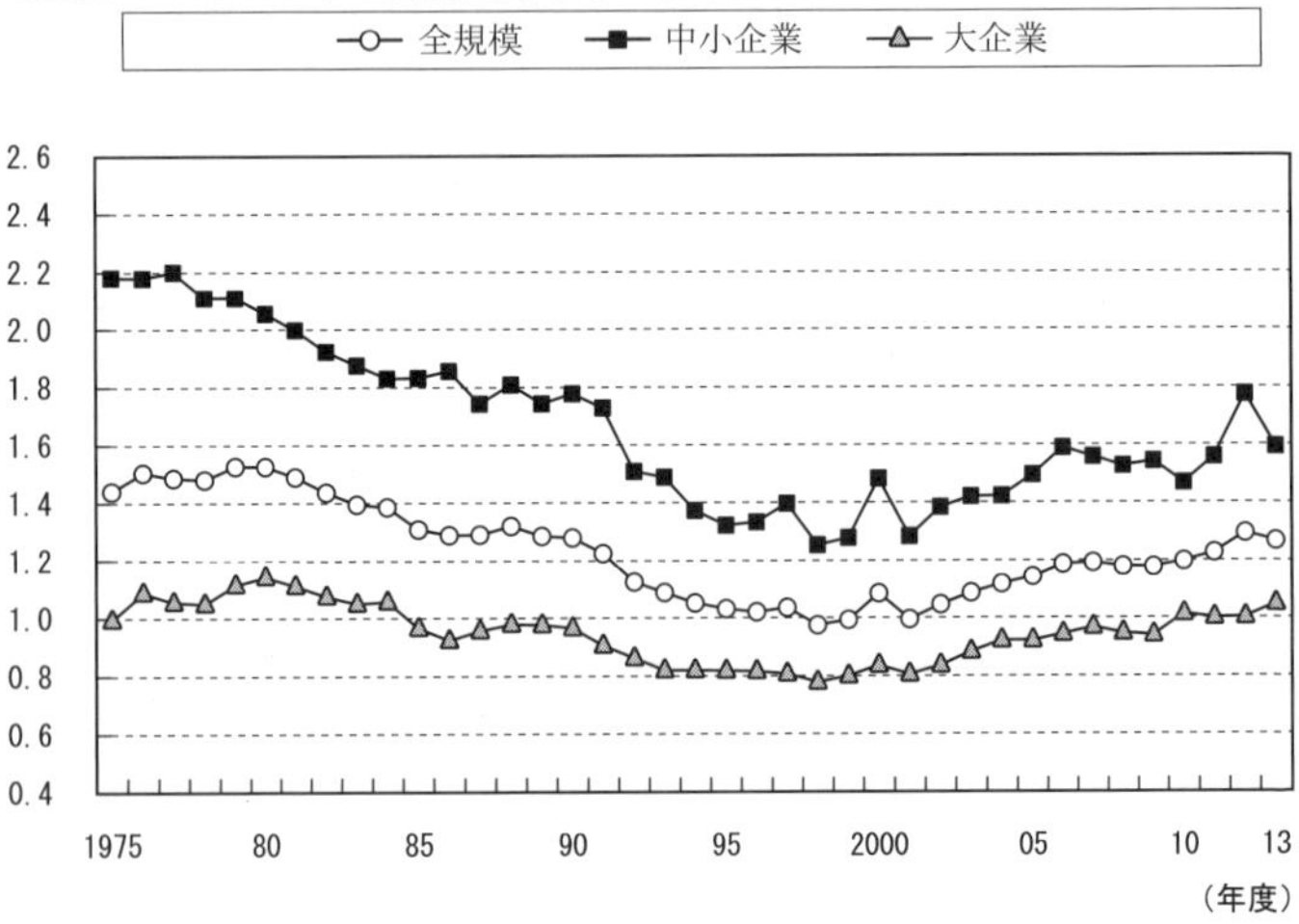

（資料）図表Ⅰ－３－３に同じ
（注）有形固定資産ベース

いまでも、少なくとも設備投資効率については改善が進んだといってよいと考える。

これを規模別にみると、機動性があるといわれる中小企業の設備投資効率が一貫して大企業より高い水準にある。1980年代半ば以降、大企業が1・0を下回って推移したのに対し、中小企業の設備投資効率は1980年代には1・0台後半の水準で推移し、また最近においても中小企業が1・0台半ばなのに対し、大企業は1・0前後の水準である。ただこの間の1980年代から1990年代にかけての推移をみると、中小企業、大企業ともに概ね低下傾向を示した中で、特に1990年代後半には中小企業の水準が目立って低下したこともあり、大企業との格差はやや縮小してきている。

実際にこの間の推移を追うと、中小企業の設備投資効率は、1980年度は2・056であったが、その後1980年代後半には一時横ばいとなった時期があったものの、1990年代前半まで概ね低下傾向が続いた。ボトムは1998年度の1・254で、以降上昇に転じ、2000年代には1・5を上回る水準にまで回復してきている。足元2013年度は1・593である。一方、大企業も1980年代から1990年代前半にかけては緩やかな低下傾向にあったが、1990年代後半には下げ止まり、2000年代に入ると上昇傾向で推移してきている。リーマンショック時の低下も小幅であり、足元では1・0台に回復してきた。規模間格差について、大企業を100とした場合の中小企業の設備投資効率の水準をみてみると、1980年代には182・7（中小企業が上）であった。これが1990年代171・8、2000年代163・5と推移してきており、1990年代後半以降2000年代にかけては概ね160台で横ばい気味の推移となった。なお、リーマンショック後は150台となり、2013年度では152・2である。中小企業はもともと大企業よりも設備投資効率が高く、趨勢的に低下してきているものの、大企業と比較するとより効率的に資本を活用し、付加価値を生み出してきたが、大企業との格差は徐々に縮小してきている。

以上、設備投資効率の推移をみてきたが、1990年代まではどちらかといえば労働生産性を引き下げる要因として、2000年代以降は逆に引き上げる要因として、それぞれ作用してきた。また、大企業と中小企業との労働生産性の格差は、1990年代前半に一時縮小した時期があったものの、この間ほぼ一貫して拡大の方向に向かってきているが、労働生産性格差が拡大してきた背景には、1990年代まで中小企業の設備投資効率が大企業よりも大きく低下してきたことが影響したものと思われる。中小企業の設備投資効率はもともと大企業よりも高水準にあり、中小企業のほうが大企業よりも効率的に設備を活用してきたわけではあるが、1990年代には設備投資効率が中小企業においてより大きく低下してきたために大企業との格差が縮小し、それが労働生産性に対しては大企業との格差拡大に作用したといえる。一方、1990年代後半からは設備投資効率の格差は横ばいとなり、労働生産性格差にはあまり影響しなくなった。

なお、業種別にみると、製造業の設備投資効率は1980年代初めには1・6台で、これ以降、1990年代にかけては概ね低下傾向にあったが、1992年度の1・277を底に下げ止まった。以降は緩やかながらも上昇傾向を示してきており、リーマンショック後には一時急低下したものの、その後は再び上昇している。足元2013年度は1・460である。一方、非製造業は1980年代から1990年代にかけて、途中一時下げ止まった時期はあったものの、ほぼ一貫して低下してきた。ボトムは1998年度の0・889で、これ以降は2000年代にかけて反転上昇してきている。なお、製造業の設備投資効率がリーマンショック時に急低下したため、2009年度には一時製造業と非製造業が並んだが（製造業1・193、非製造業1・172）、その後は再び製造業が非製造業を上回り、差がやや拡大している。

②資本装備率

労働生産性のもう一つの構成要素である資本装備率の推移をみると、1980年代、バブル景気に向けて資本装備率は順調に上昇し、その水準は、1980年度の3・0百万円から1990年度には5・6百万円となった（**図表Ⅰ－3－5**）。さらに、バブル崩壊後も資本装備率は上昇を続け、ピークは1998年度の7・3百万円であった。これ以降は2000年代にかけて緩やかな低下傾向が続いている。ただ足元では2012年度5・1百万円から2013年度5・4百万円となり、やや下げ止まりの兆しもみられる。これをみる限り、資本装備率は2000年代以降については労働生産性の改善に寄与していない。言い換えれば、企業は新たな資本の装備、新規の設備投資に対し抑制的な態度が続いている。

これを規模別に見ると、中小企業は大企業に比べて低水準にある。中小企業は従来から資本の蓄積がなかなか進まず、労働集約的であるといわれてきたが、それを示す数字が低水準の資本装備率である。実際に大企業と比較すると、2013年度で大企業11・3百万円に対し中小企業は3・1百万円であり、中小企業は大企業の3割に満たない水準にある。こうした中小企業の資本装備率について、過去の推移をみると、1980年代からバブル経済を経て1990年代前半までは徐々に上昇してきた。その水準は1980年度では1・7百万円であったが、1998年度には4・2百万円となった。しかし、1998年度をピークに低下に転じ、2000年代に入っても低下し、2000年代半ば以降3・0百万円

(図表Ⅰ－3－5) 資本装備率の推移

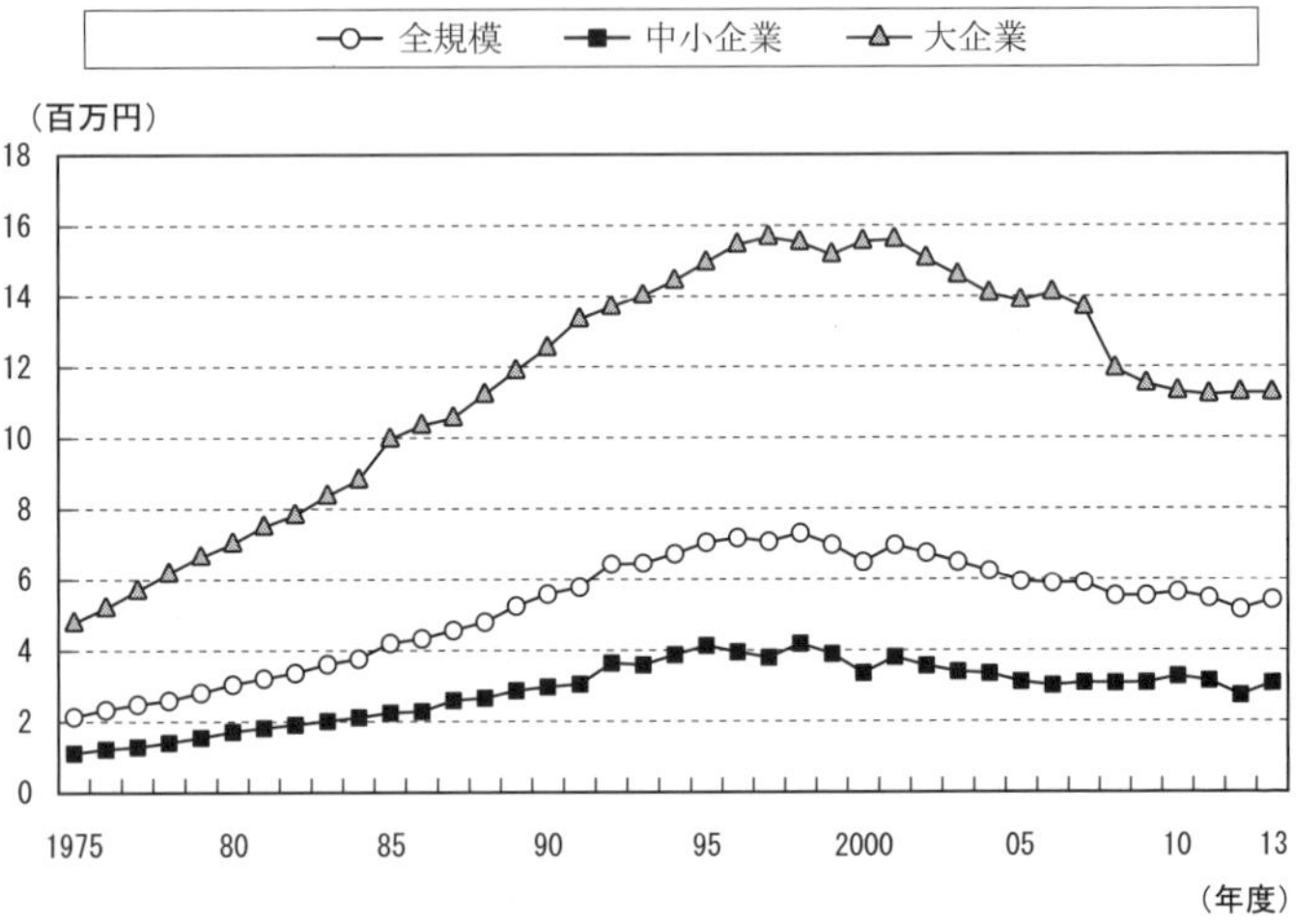

(資料) 図表Ⅰ－3－3に同じ
(注) 有形固定資産ベース

前後で横ばい推移となっており、２０００年代には中小企業の資本装備率は労働生産性を引き下げる方向に作用した。バブル崩壊後、企業はバランスシート調整に追われ、また１９９０年代末頃からは特に中小企業の収益力が回復しない要因として、設備、雇用、借入の「３つの過剰」問題が指摘されるようになった。中小企業の資本装備率が低迷した背景にはこうした事情があったものと推測される。

大企業も中小企業と概ね同様の推移である。１９８０年度の７・０百万円から１９９７年度にはピークの15・７百万円に達したが、これ以降は横ばいないし低下傾向で推移してきている。また、リーマンショック後には大きく低下し、足元２０１３年度は11・３百万円である。資本装備率については、中小企業、大企業ともに２０００年代以降、労働生産性の改善には寄与してこなかったことがわかる。なお前述の通り、中小企業の資本装備率は大企業と大きな格差があるが、この格差の水準は大企業を１００として１９８０年代23・８、１９９０年代25・５、２０００年代23・５であり、改善する動きはあまり見られない。ただし、リーマンショック後は大企業の資本装備率が大きく低下したため、格差は縮小し、２０１０年度は28・８となった。足元２０１３年度は27・３である。

業種別に見ると、製造業の資本装備率は１９８０年代から１９９０年代にかけてほぼ一貫して上昇してきた。１９９０年代半ばには一時横ばいとなったが、その後は横ばいないし上昇傾向で推移してきている。資本装備率の水準は、１９８０年代に３～4百万円、１９９０年代には５～

6百万円となり、2000年代にかけて6百万円台が続いた。リーマンショック後にやや低下し、足元2013年度では5・8百万円である。製造業においては、1990年代までは、設備投資効率が低下する一方、資本装備率を高めることにより労働生産性を上昇させてきたといえる。また、2000年代には設備投資効率、資本装備率ともに横ばいないし上昇傾向がみられ、両方とも若干ではあるが労働生産性の改善に寄与したといえる。ただ足元では資本装備率はやや低下気味であり、労働生産性の改善には寄与しなくなってきている。

製造業を規模別にみると、中小製造業の資本装備率は、1980年代から1990年代にかけて上昇し3百万円台となったが、1990年代半ば以降は横ばいとなった。2000年代に入っても3百万円前後で横ばいの推移となっている。足元2013年度は2・9百万円である。また大企業製造業の資本装備率も、中小製造業同様に1990年代半ばまでは上昇傾向を辿り、1980年代は5百万円台であったが、1990年代には11百万円台に乗った。しかしその後はしばらく横ばい傾向となった後、2000年代後半からリーマンショック、世界同時不況にかけて低下してきている。足元2013年度では9・7百万円となった。資本装備率が全体として2000年代に低下気味となったのは、主に大企業製造業の動きに影響されたものであるといえる。

一方、非製造業においては1980年代以降、製造業と同様に資本装備率が上昇傾向となり、この上昇傾向は1990年代半ばまで続いた。このため、資本装備率の水準は1980年度には3・1百万円と製造業とほぼ同水準であったが、1990年代後半には製造業を大きく上回り、

1998年度には7・6百万円となった（製造業同6・6百万円）。しかし、1990年代末頃からは逆に資本装備率が低下し、製造業とは対照的な動きとなった。2000年代以降は水準がさらに低下し、2004年度には製造業と逆転した。足元でも改善の兆しはあまり見られない。非製造業においては2000年代労働生産性がやや低迷しているが、これは設備投資効率が改善したにもかかわらず資本装備率が低下を続けたことが影響している。

非製造業を規模別に見ると、中小非製造業の資本装備率は、1990年代前半まで上昇した後、後半には横ばいとなり、2000年代には若干ながら低下する傾向がみられる。一方、大企業非製造業においては、その傾向が顕著に表れており、1980年代、1990年代と上昇し1997年度に19百万円となったが、ここがピークで以降低下してきている。低下傾向は2000年代に入っても持続し、さらにリーマンショック時には急低下したが、2009年度以降は低下が止まり、横ばい推移となっている。足元2013年度は12百万円である。

このようにみてくると、資本装備率については、2000年代に非製造業が低下傾向となってきたことが労働生産性にマイナスの影響を与えてきたこと、また製造業の資本装備率も労働生産性を改善させるほどの勢いがなかったことが指摘できる。そして非製造業の資本装備率は、大企業、中小企業ともに同じように低調であった。一方でこの間、設備投資効率については、製造業、非製造業ともに労働生産性の改善に寄与する方向にあったことは先に述べたとおりである。

③各変動要因の寄与度

ここまでは、労働生産性を分解した各変動要因（設備投資効率、資本装備率）についてそれぞれの動きをみてきたが、次にこれらが労働生産性に対してどの程度の影響を与えてきたのか、寄与度についてそれぞれの動きからみていきたい。ここでは、各年度のバラツキをならして傾向を探るため、期間を5年ごとに区切ったうえで、その平均値の前期比伸び率（年率）をみる。

労働生産性に対する設備投資効率と資本装備率の寄与度をみると、全体では1980年代から1990年代前半にかけて、資本装備率の寄与度が非常に高かった（**図表Ⅰ-3-6**）。一方、設備投資効率は1980年代、1990年代とマ

（図表Ⅰ－3－6）労働生産性への寄与（全規模）

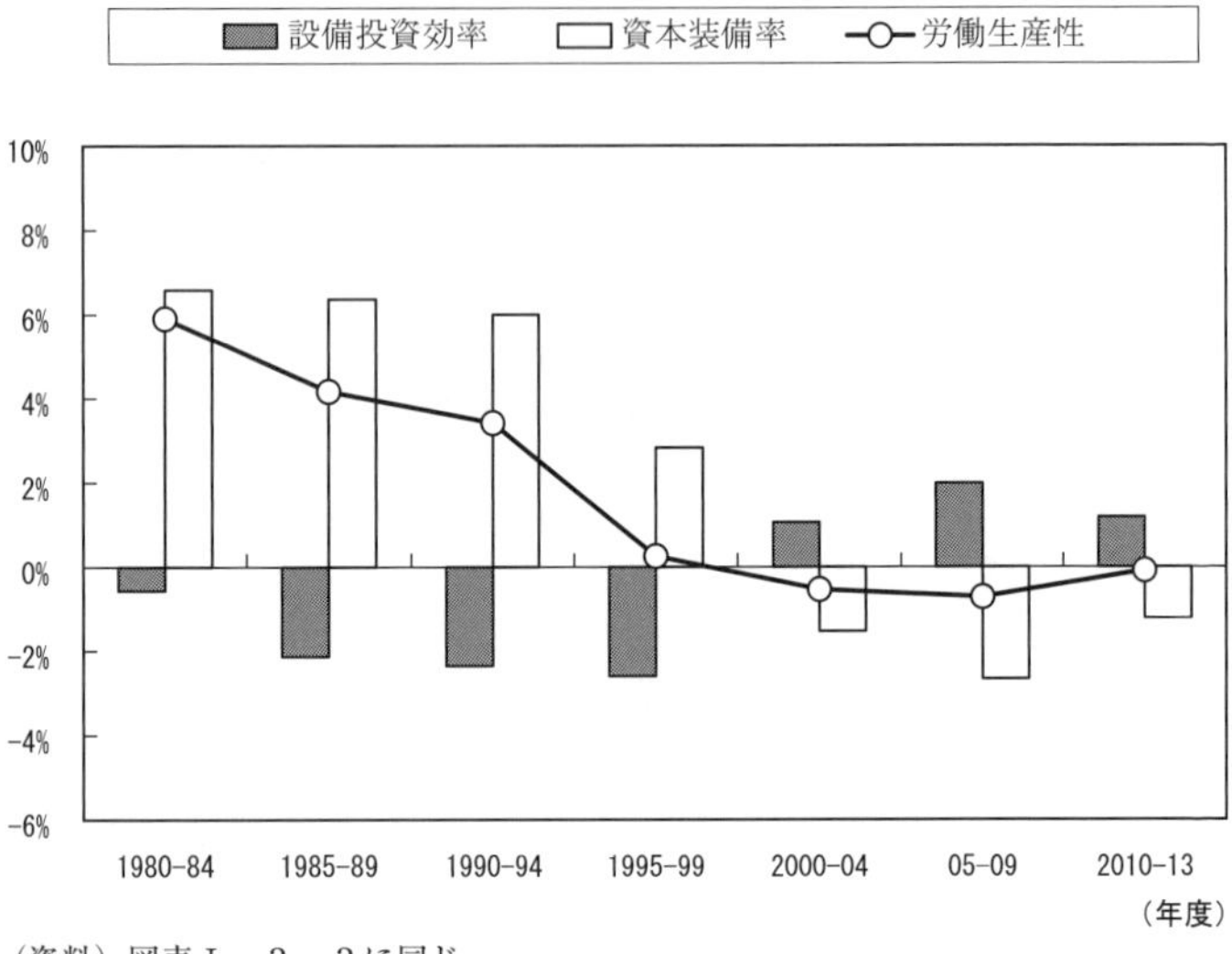

（資料）図表Ⅰ－３－３に同じ
（注）５年間平均値の前期比伸び率（年率）

イナスの寄与が続いた。したがってこの時期の労働生産性の上昇は、主に資本装備率の上昇によるものであったといえる。これが１９９０年代前半まで続いたが、後半になると資本装備率の寄与が縮小したため、設備投資効率のマイナスの寄与と相殺し合って労働生産性の上昇がとまった。そして２０００年代に入ると両者の寄与が逆転し、資本装備率のマイナスの寄与の方が設備投資効率の寄与よりも大きくなったことから、労働生産性の伸びはマイナスとなった。２０００年代後半も同様に推移したが、２０１０年代には資本装備率のマイナスの寄与が縮小したために、労働生産性の低下（悪化）には歯止めがかかった。この間を通してみると、１９９０年代までは資本装備率がプラス、設備投資効率がマイナスの寄与、２０００年代以降は資本装備率がマイナス、設備投資効率がプラスの寄与、となっており、２０００年代に入り様変わりの様相を呈している。設備投資効率は、付加価値を生み出すのにどれだけ資本を効率的に使用しているかを示す指標であり、２０００年代に過剰設備を整理してきた効果が如実に表れたといえるのではないか。

これを規模別に見ると、中小企業においては、上記の全体の動きとほぼ同じ推移を辿ってきた。１９９０年代前半までは資本装備率が労働生産性の上昇に大きく寄与したが、１９９０年代後半にはその寄与が大きく低下し、２０００年代前半からはマイナスとなった（図表Ⅰ-３-７）。一方設備投資効率は資本装備率と逆の動きを示した。中小企業の労働生産性は、１９９０年代までは資本装備率にけん引され、２０００年代には設備投資効率が支える形で推移したといえる。なお２０１０年代には、中小企業は労働生産性がプラスに転じたが、これは資本装備率の低下がほぼ止まったことと設備投資効率が引き続きプラスに寄与したことによるものである。これに対し大企業は、１９９０年代までは全体とほぼ似た動きであった（**図表Ｉ－３－８**）。ただし、設備投資効率のマイナスの寄与は中小企業ほど大きくなく、また２０００年代には中小企業同様にプラスの寄与に転じた。このため、大企業の労働生産性は、中小企業とは異なり２０００年代前半までプラスを維持した。マイナスとなるのは２０００年代後半、２０１０年代である。特に２０１０年代は資本装備率のマイナスの寄与が大きくなるとともに労働生産性も中小企業とは逆にマイナス幅が拡大した。

以上述べてきた労働生産性の動きを整理すると、労働生産性は１９８０年代に上昇

（図表Ｉ－３－７）労働生産性への寄与（中小企業）

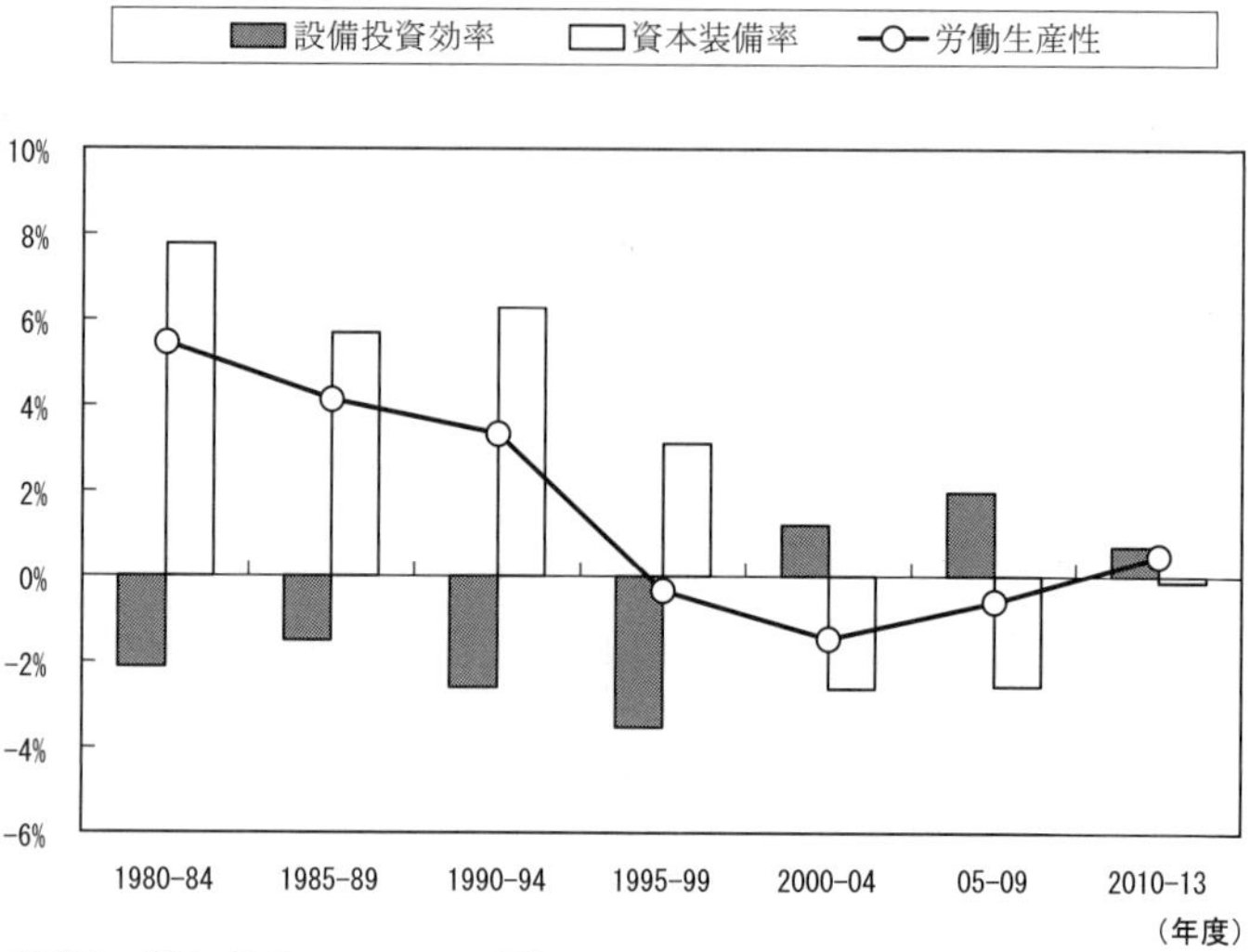

（資料）、（注）図表Ｉ－３－６に同じ

してきたが、バブル崩壊後、１９９０年代後半にはほぼ横ばいとなり、２０００年代には若干その水準が低くなっている。これを規模別にみると、大企業ではバブル崩壊後も労働生産性は緩やかながら上昇を続けた一方、中小企業においてはバブル崩壊後やや低下傾向となり、２０００年代も低下が続いてきた。このため、労働生産性の格差は拡大した。なおリーマンショック等で大企業の労働生産性が急低下したことで格差はやや縮小している。

この労働生産性を設備投資効率と資本装備率に分解すると、設備投資効率は１９８０年代から１９９０年代にかけては低下し、２０００年代以降は上昇している。一方、資本装備率は１９８０年代以降、上昇してきたが、１９９０年代後半には横ばいとな

(図表Ⅰ－3－8) 労働生産性への寄与 (大企業)

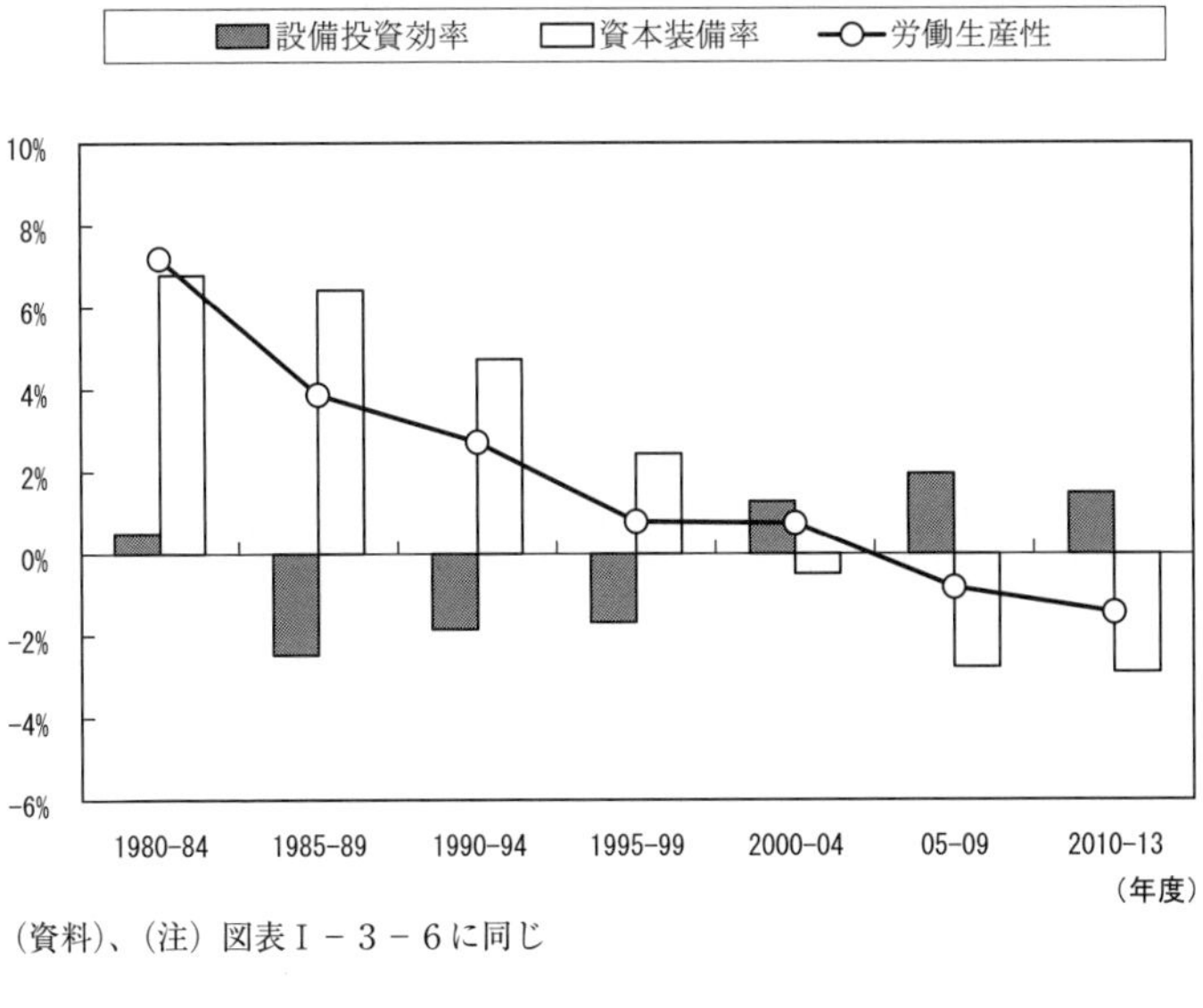

(資料)、(注) 図表Ⅰ－３－６に同じ

り、2000年代には低下するようになった。この間、1990年代までは労働生産性の動きに資本装備率が大きく影響しており、これが規模間格差にもつながっていたが、2000年代には設備投資効率が労働生産性を支える構造に変化してきている。業種別には2000年代に入ってからの非製造業（中小企業、大企業ともに）における資本装備率の低下が目立っている。製造業も非製造業ほどではないにせよ資本装備率は低調な動きとなっており、一方で設備投資効率は改善を続けていることと比較すると、中小企業、大企業ともに資本装備率の改善がこれからの大きな課題ではないかと思われる。

中小企業は今後、より高付加価値化を目指していくことが、競争力強化のために必要である。そのためには、より高付加価値の製品開発、高付加価値分野への事業転換等により高付加価値化へシフトしていくこと等が必要であろう。設備との関係でみると、先ほど述べたとおり資本装備率の低迷が2000年代に入ってから目立つようになってきていることからすれば、新たに効率的な設備投資を進めることで、より高い付加価値を生み出していくことが求められる。わが国では総人口、生産年齢人口の減少が始まっており、労働力は先細りとなっていくことが予想されていることからも、資本装備を着実に進めていくことが必要と思われる。なお、資本装備については、サービス経済化が進展し非製造業のウェイトが高まってきていることにも留意する必要がある。例えば有形固定資産についていえば、製造業と非製造業の比率は1980年代にはほぼ1：2であったが、現在では2013年度で製造業24・3％に対し、非製造業75・7％と、ほぼ1：

３の比率となり、非製造業のウェイトは着実に大きくなってきている。また規模別にみても、中小企業は２０１３年度で製造業16・８％に対し非製造業83・２％である。資本装備率や設備投資効率の向上にあたっては、非製造業の動向が将来を大きく左右するものと思われる。

5 競争力とビンテージ

設備投資については、資本ストックの観点から設備の老朽化が問題視されている。設備の老朽化は、新しい技術の導入が遅れていることを意味し、企業の競争力にとっては阻害要因の一つとなる。これはわが国の長期にわたる設備投資低迷の結果であると思われる。以下では、設備年齢（ビンテージ）について、中小企業の状況も含めて分析することとしたい。

(1) 国内設備の老朽化

経済財政白書（２０１３年）によれば、１９９０年時点からの日本、米国、ドイツの設備年齢の上昇幅を比較すると、日本の値は米国、ドイツに比べて急速に上昇しており、国際比較の観点からも生産設備の老朽化が進んでいると指摘している。こうした設備投資の抑制によるビンテージの上昇は、生産性の伸び悩みから企業業績の低下をもたらし、それがまた設備投資の抑制につながるという、いわば負のスパイラルに陥ってしまう可能性がある。わが国で長引いたデフレの一因となってきたとの指摘もある。

設備のビンテージについては、上記のような問題意識を背景として、多くの研究がなされ実際に様々な試算がなされてきた。それらの試算結果をみると、全体の傾向としては、1980年代後半から1990年代前半にかけて活発な設備投資を受け一時的に低下していること、その後は上昇（長期化）の傾向が続いてきたことが共通している。また、2000年代に入り、上昇傾向は一時止まったとする試算もある。

この間のビンテージの状況を追っていくと、まずバブル崩壊後、1990年代以降ビンテージが上昇してきた。この時期には企業の設備投資は総じて低迷しており、その背景にはバブル崩壊後、企業の財務内容が大幅に悪化してバランスシート調整を余儀なくされたことや、期待成長率が低下したために相対的に過剰設備がクローズアップされたことなどがあった。その結果、企業の保有する設備の老朽化が進行し、1990年代のビンテージ上昇につながったものと思われる。しかしながら、2000年代以降は、ビンテージの上昇に歯止めがかかってきた。企業は老朽化、陳腐化した設備を除却して更新投資を行い、設備の質の向上を図るようになった。わが国が輸出主導の景気回復過程を辿り、大企業製造業などで設備投資が活発化しはじめたことがその背景にあった。またそれに加えて、バブル崩壊後長期にわたり設備投資を抑制してきたことで、設備の老朽化の進行による大企業の国際競争力の低下がいわれるようになり、企業が生産性や競争力を高めるために設備の除却や更新投資を活発化させたこともあると思われる。しかし、リーマンショックが起き、世界同時不況に見舞われた2008年後半以降は、大企業を中心に設備投資が抑制されビンテージは上昇した。2010年にはビンテージの上昇テンポが鈍化し、反転の兆しがみられはじめている。

設備の除却の状況についてもみてみよう。設備投資と除却の状況については、内閣府の「民間企業投資・除却調査」により2005年度からの推移を追うことができる（資本金3、000万円以上の企業の抽出調査）。この調査では、有形固定資産の除却について、当該年度に除却された資産のうち、企業が新設取得し、その後も同一企業のみで使用し廃棄に至った資産のみを抽出している。これらは、企業で使用される有形固定資産の実耐用年数を表すものである。なお計数は有効回答数、平均使用期間ともに単純集計である。

ここでは、除却された有形固定資産について、それらの平均使用期間（年）をもとに設備の平均年齢を試算してみた。まず企業の有形固定資産が新設から除却まで平均的に分布していると仮定し、その上で除却資産の平均使用期間の1／2が有形固定資産の平均年齢に近いと考えて、平均年齢を出してみた。その結果、建物や構築物は過去には10年弱であったが、最近では10年を超えてきており、やや年齢が高まる傾向にある（図表Ⅰ-3-9）。機械・装置も同様に、8年から9年へと年齢が高まってきている。船舶も上昇傾向がみられる。また、車両等は7年程度、工具等は7年強の水準にあるという試算結果が得られた。

(2) 中小企業のビンテージ

次に、中小企業においては、ビンテージはどのような状況にあるのかみてみることとする。ここで用いたのは企業規模別のデータを公表している法人企業統計である。ただし個人企業は対象としていない。また、減価償却のデータはあるが、除却については有形固定資産の売却や振替等と合算されており、除却だけのデータはない。ただ、中小企業の設備投資や有形固定資産については、法人企業に限定した上での試算はある程度可能である。そこで、前提条件を置いたうえで試算することとした。

①新設設備投資

まず、法人企業統計から新設設備投資の推移をみてみる。新設設備投資の法人企業全体の規模は、1980年代に入り20兆円台となり、その後もしばらくは増加を続けた(**図表Ⅰ-3-10**)。バブル景気時には最高で60兆円を超えたが(1991年度)、1990年代のバブル崩壊時には設備投資は低調となり、40兆円台にまで減少した。1996、1997年度には再び50兆円台となったものの、

(図表Ⅰ-3-9) 設備年齢の推移

(単位:年)

年度	2005	2006	2007	2008	2009	2010	2011	2012
建物	9.7	9.7	9.9	9.9	10.1	9.9	10.2	11.5
建物付属設備	7.8	7.6	7.8	8.0	7.7	8.1	8.2	8.6
構築物	9.8	9.5	9.7	9.8	9.6	10.1	10.3	10.8
機械・装置	8.2	8.3	8.1	8.3	8.6	8.6	9.1	8.8
船舶	5.3	7.5	6.9	6.7	7.2	7.4	7.5	8.3
車両・運搬具	6.6	6.6	6.4	6.7	6.5	6.9	6.4	6.9
工具・器具・備品	6.9	6.9	7.0	7.2	7.0	7.2	7.5	7.4

(資料) 内閣府「民間企業投資・除却調査」
(注) 設備年齢=除却された有形固定資産の平均使用期間/2 (単純平均)

金融システム不安が起きる中で減少傾向となった。２０００年代に入り、長期にわたる景気回復期にはようやく本格的に新設設備投資が増加し、２００２年度の37兆円から２００６年度には54兆円まで回復した。これ以降は、わが国の景気がピークを過ぎ、さらにリーマンショックとその後の世界同時不況が起きる中で大きく落ち込んだ。新設設備投資は２００６年度のピークから２００９年度には34兆円と30兆円台にまで下落した。その後も低調な推移が続いており、足元２０１３年度でも35兆円である。これは１９８７年度頃の水準である。

　企業規模別にみると、まず中小企業においては、１９８０年代は当初5～6兆円台であったが後半にかけて増加し、バブル景気時には10兆円台を突破した。ピークの１

（図表Ⅰ－３－10）新設設備投資の推移

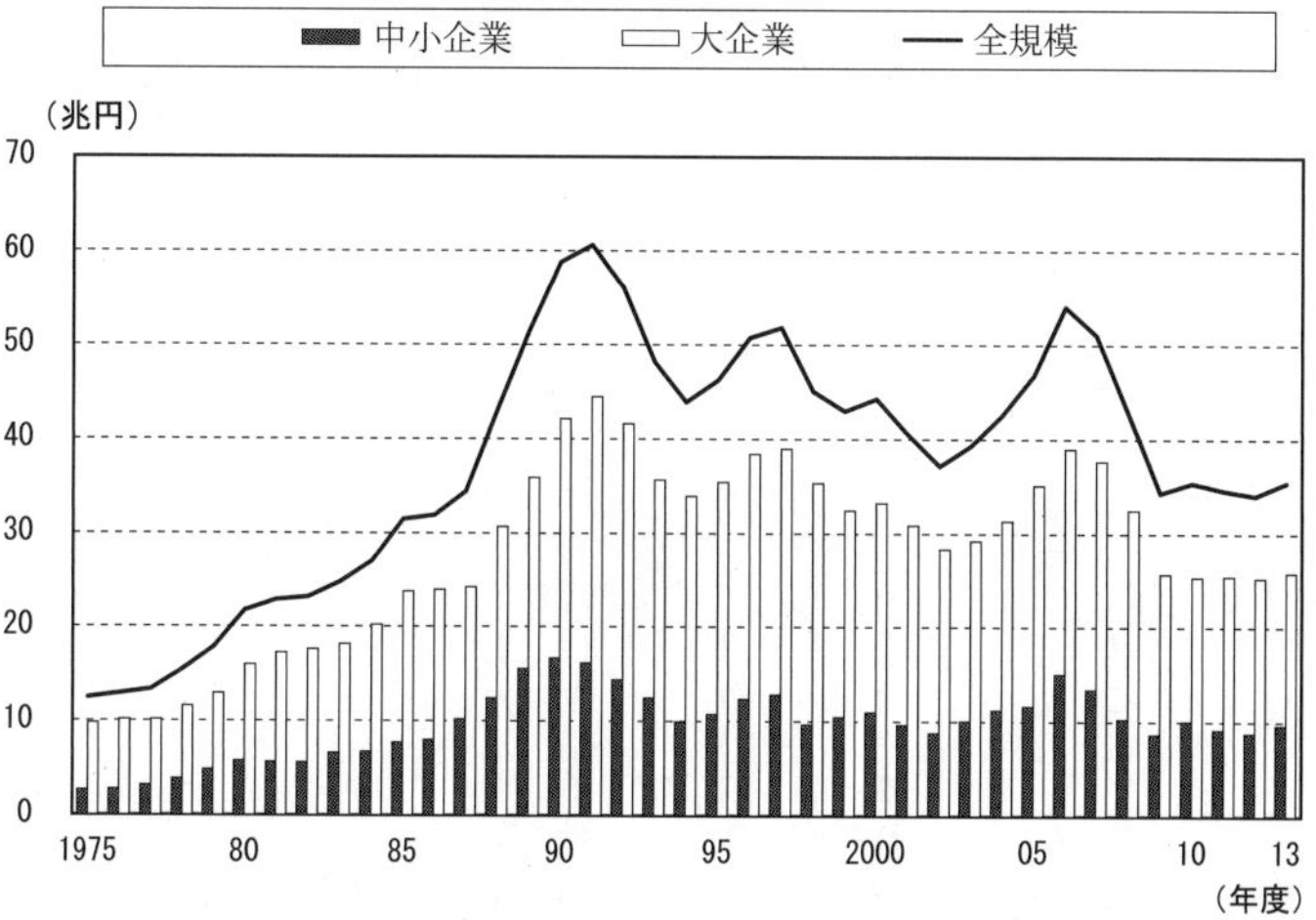

（資料）財務省「法人企業統計季報」
（注）建設仮勘定の新設設備投資を含む

990年度には17兆円弱となったが、バブル崩壊とともに急減し1994年度には10兆円を割り込んでいる。これ以降は景気変動による増減はあったものの10兆円をはさむ水準で推移し、再び増勢に向かったのは2000年代の景気回復期に入ってからである。それでもピークは2006年度の15兆円で、過去の最高水準には及ばなかった。その後景気は頭打ちとなり、さらにリーマンショックや世界同時不況が起きる中で、中小企業の設備投資も不振となり、2009年度には8兆円台となった。また、足元でも2013年度9兆円台の低調な推移となっている。

一方、大企業は、1980年代半ばには20兆円台に乗り、バブル景気時のピークには44兆円(1991年度)まで増加した。その後は中小企業同様に減少し、30兆円台での推移が長く続いた。2000年代に入ると、ITバブル崩壊時には30兆円を割り込み28兆円(2002年度)となったが、その後の景気回復に合わせて大企業の新設設備投資も増加傾向を辿り、2006年度には38兆円まで回復している。ただ、大企業においてはリーマンショック後の落ち込みは中小企業よりも厳しいものとなった。2009年度には30兆円を割り込み一気に25兆円となり、それ以降も不振が続いている。2013年度も25兆円台である。

次に、業種別にみると、製造業の新設設備投資は、景気変動により振幅が大きくなる傾向がみられる。製造業の新設設備投資は1980年代には10兆円台に乗り1985年度には13兆円まで増加したが、円高不況により減少し1986年度11兆円となった。その後はバブル景気にあわせて急増し、1991年度には23兆円と1986年度の2倍の水準にまで達している。その後バブル崩壊とともに急減し、2000年頃まで15兆円前後での推移が続いた。2000年代の景気回復期には増加に転じ2007年度には19兆円にまで回復したが、リーマンショック後は11兆円前後の水準に低下している。2013年度は約12兆円である。これに対して非製造業は、バブル景気時に製造業を上回るテンポで新設設備投資が急増した。1980年代は当初10兆円台であったが、徐々に増加し1987年度に20兆円台に乗り、1989年度には一気に30兆円台となった。そして1991年度に36兆円まで増加した後、バブル崩壊とともに減少した。ただ製造業に比べれば低下の度合いは緩やかで30兆円台の水準が続いた。1990年代末頃からは減少傾向が強まり、2002年度に25兆円まで減少した後、増加に転じ、2006年度には35兆円となった。その後は製造業同様に減少し20兆円台となり、2013年度も23兆円である。製造業と非製造業を比較してみると、1980年代に入る頃までは両者はほぼ同水準であったが、その後は非製造業が伸びてきたのに対して製造業は相対的に伸び悩み、1990年代には製造業は非製造業の半分以下の水準となった。現在でもほぼ半分の状況が続いている。

②資本ストック

次に、ストック面の推移をみる。法人企業全体の資本ストック（有形固定資産、建設仮勘定を含む）は、1980年代には100兆円台に乗り、その後も増加が続いた（**図表Ⅰ-3-11**）。1990年度には200兆円台となった。バブル崩壊により新設設備投資が低調になるとともに、増勢は鈍化したものの、その後もしばらくは資本ストックの増加が続いた。頭打ちとなったのは1998年度で、1998年度の318兆円をピークに、1999年度には資本ストックが初めて減少した。その後は、2000年代の景気回復期においても資本ストックの減少傾向が続いた。この時は景気回復と資本ストックの減少が同時に進行するという状況であった。さらにリーマンショックと世界同時不況下においても、資本ストックの減少傾向は続いており、足元2013年度では238兆円まで減少している。これは1990－1991年度頃の水準である。

これを企業規模別にみると、まず中小企業においては、1970年代末には20兆円台に達していたが、1980年代も増加を

(図表Ｉ－３－11) 有形固定資産の推移

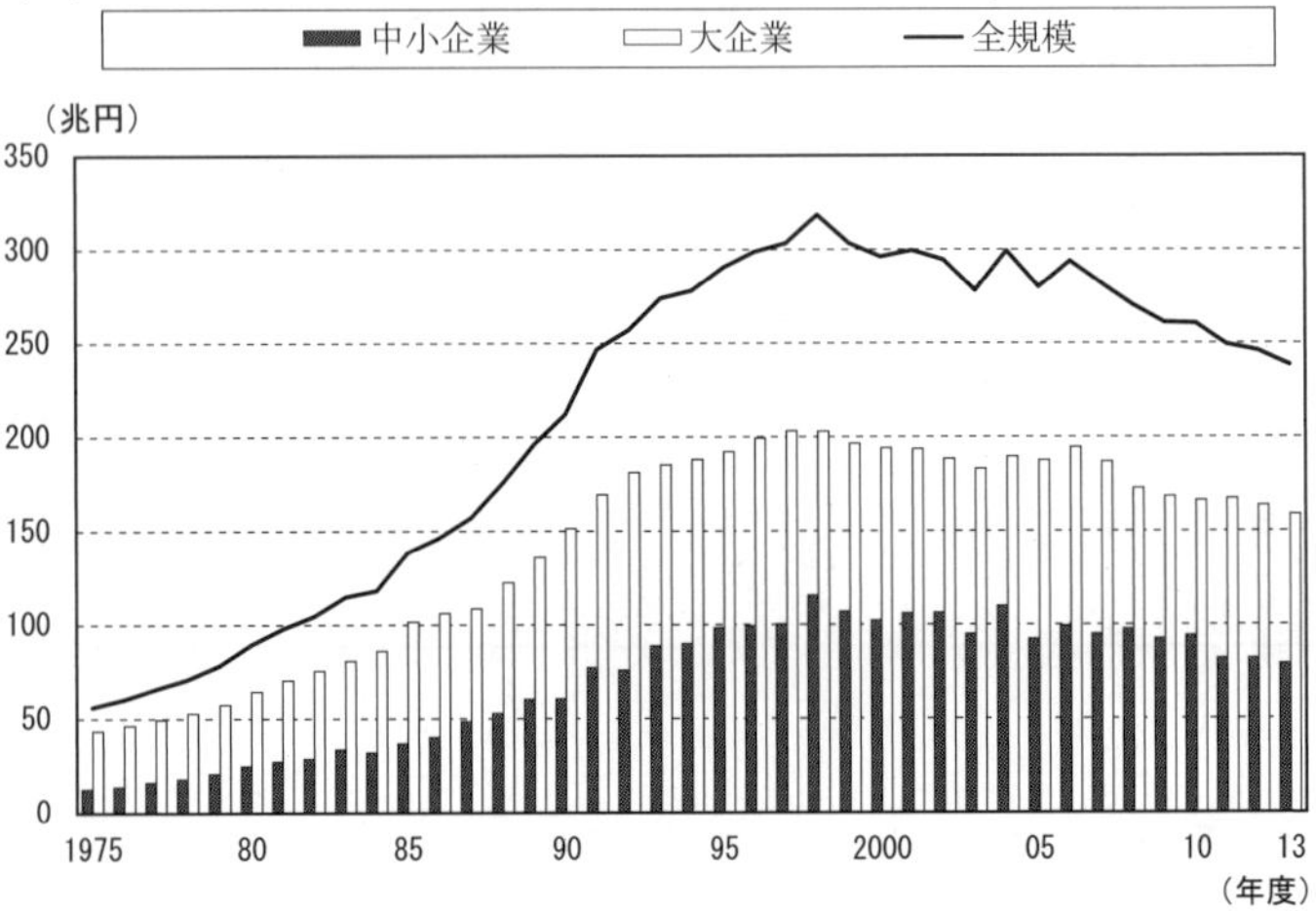

(資料) 図表Ｉ－３－10に同じ
(注) 建設仮勘定を含む

続け、バブル景気時には77兆円（1991年度）まで増加した。1992年度に一時減少したものの、バブル崩壊後の1997年度には100兆円台となり、1998年度（115兆円）にピークを迎えるまで増勢を維持した。明確に減少傾向に転じたのは1999年度以降である。2000年代にかけて減少傾向は続き、2003年度には100兆円を割り込み90兆円台となり、リーマンショック後には一段と減少して、2011年度には82兆円、2013年度には79兆円と低調に推移している。一方、大企業においては、1970年代には既に20兆円台に乗っていたが、1980年度には60兆円を超え、1985年度には100兆円台を突破した。また、バブル景気時やその後のバブル崩壊が起きた時期においても、大企業の資本ストックは増加が続いた。ピークは1997年度の203兆円である。1998年度も200兆円を超えたが、これ以降は減少傾向となった。2000年代に入り、景気回復期には若干増加した時期もあったが、2007年度以降は、わが国の景気が頭打ちとなったことや、その後のリーマンショック、世界同時不況下で大きく減少した。リーマンショック後には160兆円台となり、足元2013年度は159兆円である。こうしてみると、バブル崩壊後、まず中小企業において資本ストックの伸びが頭打ちとなり、2000年代に入ると大企業も増勢が鈍化し、リーマンショック後には中小企業、大企業ともに減少する傾向にあることがわかる。ピークからの減少率は、中小企業が▲31・4％（1998年度→2013年度）で、大企業が▲21・8％（1997年度→2013年度）であり、中小企業の方が大きく減少してきている。

次に、業種別にみてみよう。製造業では、1970年代末頃に30兆円を超え、1980年代以降も増加が続き、バブル景気時の1990年度には71兆円となった。ただ、バブル崩壊後は増勢が鈍化し、1990年代は80兆円台で上下する状況がしばらく続いた。2000年代に入ると70兆円台に減少し、わが国の景気回復とともに一時増加する局面はあったものの、基調的には弱含みの状況が続き、さらに2010年代には目立って減少してきている。足元2013年度では65兆円となった。製造業を規模別にみると、中小製造業、大企業製造業ともに製造業全体とほぼ同じ動きを示してきている。中小製造業では過去2回のピーク（1997年度23・9兆円、2007年度24・8兆円）があり、足元2013年度は18・1兆円に減少、大企業製造業も同様に2回のピーク（1997年度64・2兆円、2008年度59・9兆円）があり、2013年度は47・1兆円まで減少した。2010年代には、中小製造業、大企業製造業ともに、2000年代前半の減少幅を上回って大きく減少してきている点が目立つ。

一方、非製造業においては、過去の推移をみると1998年度まで一貫して増加してきた。1987年度に100兆円台となり、1995年度に200兆円、ピークの1998年度は231兆円であった。非製造業においてはこれをピークに減少に転じ、2000年代の景気回復期には200兆円台を維持したものの、景気が頭打ちとなるとともに2007年度には200兆円を割り込んだ。以降減少してきており、2013年度は173兆円である。

1990年代、バブル崩壊後は、企業においてはバランスシート調整と呼ばれる資産負債の調整過程に入っていたものの、実際の資本ストックは産業全体ではバブル崩壊後もしばらくは増え続けていた、あるいは減少しなかったといえる。本格的に資本ストックが減少するのは、「3つの過剰」が課題とされた概ね2000年代以降であったことが、上記の資本ストックの動きからみてとれる。一方で、リーマンショック後においてはやや急速に減少してきており、世界同時不況はわが国の資本ストックにも非常に大きな悪影響を及ぼしたといえよう。

③新設設備投資の比率

新設設備投資と資本ストックは基本的には連動して動くものであるが、必ずしも同じ動きではない。それらの推移をみると、景気循環と同じように資本ストックに対する新設設備投資の比率も循環してきている。また比率の推移を追うと、その水準は2000年代以降、明らかに1980年代よりも数%ポイント程度低いレベルでの循環に遷移してきている。まず全規模では、1980年代には20%台で推移し、バブル景気時の1990年度にはピークの27・7%まで上昇した（図表Ⅰ-3-12）。しかしバブル崩壊とともに設備投資が低迷するにつれて新設設備投資の比率も低下し1990年代は概ね10%台半ばで推移するようになった。2000年代に入ると、IT不況時には一時12・6%（2002年度）まで低下したものの、その後は景気回復とともに上昇傾向となり、2006年度には18・4%となった。しかし、リーマンショックと世界同時不況下で再び13%台と低水準に落ち込み、足元2013年度ではやや回復したものの14・9%となっている。

　中小企業は、１９８０年代には20％前後であった。その後、設備投資が盛り上がったバブル景気時には20％台後半まで上昇したが（１９９０年度27・５％）、バブル崩壊で設備投資が急減すると比率も１９９１年度から急低下した。１９９２年度には20％を下回り、１９９５年度には11・０％にまで低下し、２０００年代前半までは10％前後の低水準の状況が続いた。足元ではやや上昇したものの２０１３年度でも12・１％にとどまっている。中小企業は資本ストックに対する新しい投資の比率が１９８０年代の半分しかない状況であるといえる。これに対し大企業は、１９８０年代からバブル景気の頃は中小企業とほぼ同じ推移を辿り、

（図表Ⅰ－３－12）有形固定資産の新設比率

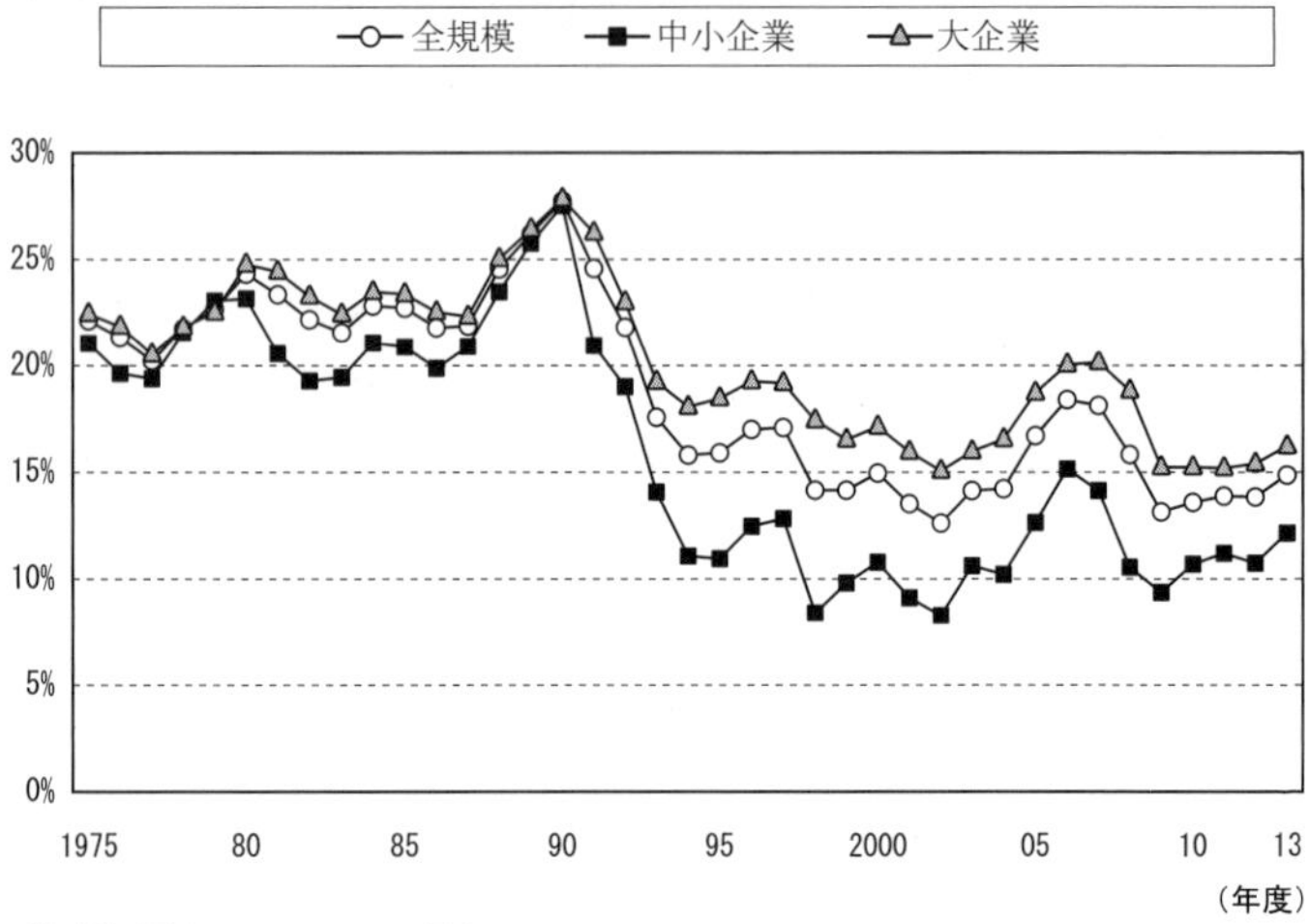

（資料）図表Ⅰ－３－10に同じ
（注１）全産業（除く金融保険業）、建設仮勘定を含む
（注２）新設比率＝新設額（４四半期合計）／有形固定資産（期末）

ピークの１９９０年度は27・８％であった。その後バブル崩壊とともに比率も低下したものの、低下の度合いは中小企業ほどではなく、１９９０年代は10％台後半で推移してきている。２０００年代のＩＴ不況時のボトムも15・１％（２００２年度）で中小企業よりも高い水準を維持し、またその後は景気回復とともに上昇し一時20％台まで回復した。リーマンショック後は低下したが、足元２０１３年度でも16・２％の水準にある。規模別に比較すると、大企業と比較して中小企業の水準の低下は大きく、大企業との格差が拡大しており、中小企業の低迷状況が際立っている。

新設設備投資の資本ストックに対する比率が低下していることは、設備投資をあまり積極的にせず、古い設備を使い続けている、ということを示すものと思われる。ただ、資本ストックがあまり減らない、耐用年数の長い設備に投資する割合が増えてきているのではないか、ということも考えられる。この場合、償却と新設を比較すれば、償却の比率が低下しているはずであるが、償却の有形固定資産に対する比率（償却費率）をみると、ほぼ安定しており、目立って低下しているということはない。やはり、特に中小企業においては設備が古くなってきているということではないか。

つまり、新設設備投資は抑制したが、一方で過去の設備の更新を積極的に進めたかどうかはやや疑問である。償却の比率がほぼ安定していることから推測すれば、資本ストックが新しく入れ替わっていった、更新が促進されたということではなく、むしろ逆に中小企業は償却を進めることもしなかった、といえるのではないか。新設設備投資を抑制しただけで、設備自体は古いまま使い続けたのではないかということである。しかしながら、設備が古いままでは、新しく付加価値を生み出していくことは困難になり、中小企業にとっては競争力が失われかねず、大きな問題である。

そこで、中小企業の設備が古いままであったのか、についてみるため、次ではビンテージがどのように推移してきたかをみることとする。

④ビンテージの試算

ビンテージについては、前述したとおり、法人企業統計を用いて疑似的に企業規模別のビンテージを試算した。具体的には、規模別の有形固定資産について、新設・譲受した有形固定資産と、滅失した有形固定資産、および期首期末の有形固定資産残高から、ビンテージについて試算してみた。なおここでは新設設備投資の総額を把握するために建設仮勘定も含めて試算している。

前提として、スタート時点でのビンテージをどう置くかであるが、中小企業の設備についてのビンテージに関する情報が不足していることから、ビンテージを全規模、中小企業、大企業ともに1970年度で4年と仮に置き、以降の動きを試算した。なおスタート時点を前後にずらしても、途中の年度からほぼ同水準に収束してくることを確認している。

留意すべきは、資本ストック（有形固定資産）が減価償却後の計数ということである。したがって、設備の年齢を算定する際には、過去の資本ストックは償却後の数値であるためにウェイトがより小さく、一方新設設備のウェイトはより大きく、それぞれビンテージの計算に影響することになる。このため、こうして算定されたビンテージは実際の年齢よりも若くなる傾向があるとみられる。つまり、このビンテージをそのまま水準として使用するには過少推計になりやすいという問題があるが、それを踏まえたうえで、少なくとも過去からの推移をみることによりビンテージの趨勢的あるいは傾向的な動きは読み取れるものと考えた。また、中小企業と大企業とのビンテージの推移の違いも、ある程度は推測できるものと思われる。

実際の推計結果をみると、まず全規模のビンテージは1980年代、若干上昇したものの4年強の水準でほぼ横ばいの推移であった（図表Ⅰ-3-13）。バブル景気時にはビンテージがやや低下したが、バブル崩壊後には上昇に転じ、1990年代から2000年代半ばにかけてはビンテージの上昇が続いた。2000年代には6年を超えたが、景気回復期の後半にあたる2006、2007年度にかけて低下し、その後は再び上昇に向かっている。2013年度は6・9年で、この試算では1970年度の4年から3年程度、ビンテージが上昇する結果となった。

規模別にみると、中小企業においては、傾向は全体と同じであるが、1990年代以降の上昇の度合いはかなり大きくなっている。1990年代から2000年代にかけてビンテージは4年弱上昇し、2000年代には7年を超えた。2006、2007年度は低下したもののこれを底に再び上昇し、足元2013年度は8・7年となっている。1970年度比では4・7年、ビンテージが上昇した。これに比べると大企業のビンテージはあまり上昇しておらず、2013年度で6・3年である。また、業種別にみると、製造業よりも非製造業の方がビンテージの上昇幅が大きい。2013年度は製造業の5・7年に対し、非製造業は7・6年である。特に中小非製造業の上昇傾向が目立ち、2013年度は9・2年となった。いずれにしても、ビンテージがやや若く算定されると思われる法人企業統計を用いても、中小企業においては、大企業を上回って、また中小製造業、中小非製造業ともに、ビンテージが高まってきている様子がうかがわれる。中小企業は大企業よりも設備の老朽化が進んでいるということになる。

参考までに、経済財政白書（2013年）では、日本における設備のビンテージは、1

（図表Ⅰ－3－13）設備年齢の試算（年）

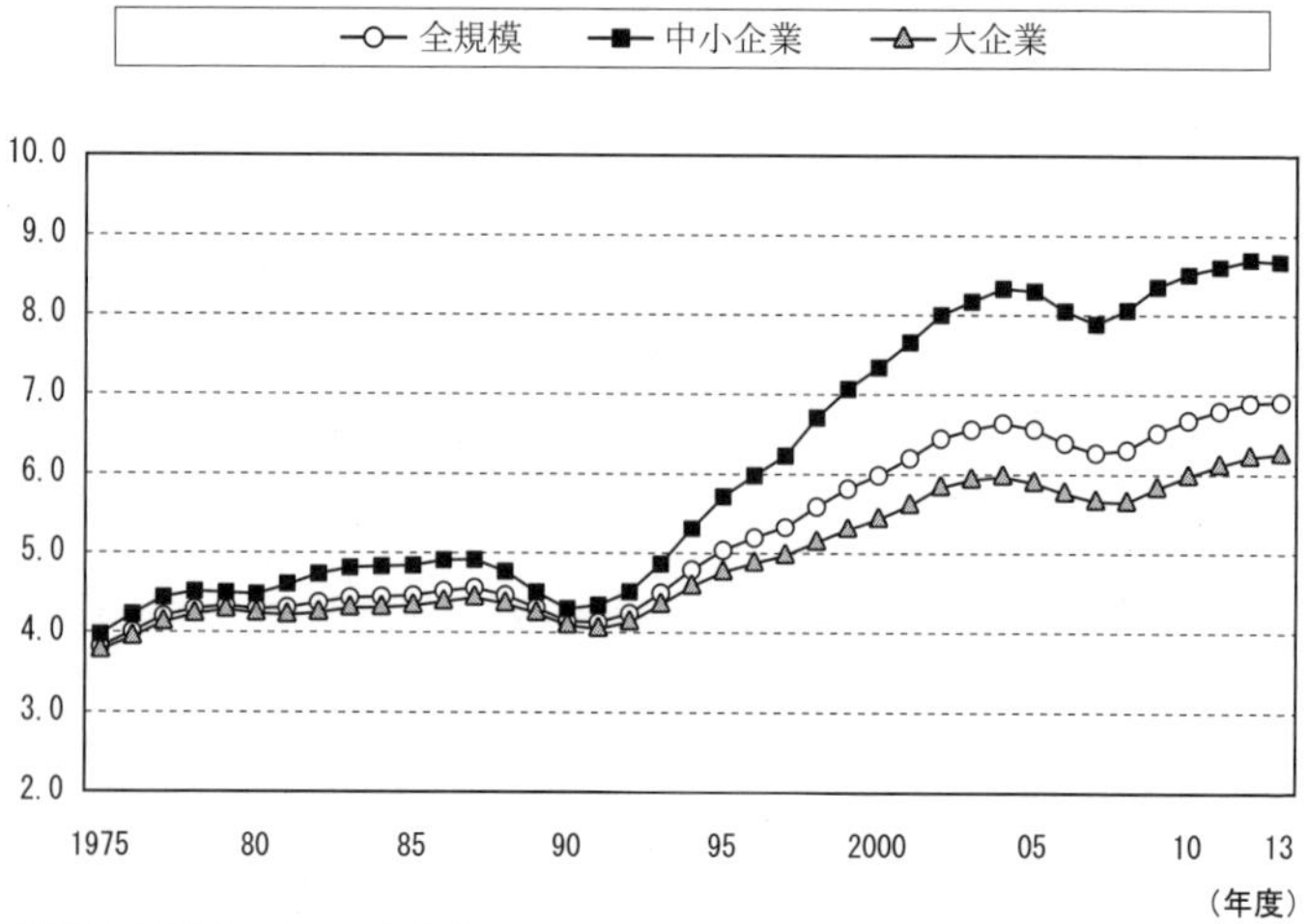

（資料）図表Ⅰ－3－10に同じ

990年時点から急速に上昇しており、2012年頃には5年程度ビンテージが上昇し、生産設備の老朽化が進んでいるとしている。他にもビンテージについては様々な研究がなされているが、それらによれば1980～90年代は5～6年であったが、2000年に入るころには8年に、2010年頃には10年程度にビンテージが上昇していると指摘している。上記試算結果は、傾向としては同じであるが、上昇幅としてはやや低い結果となった。

6 競争力の強化に向けて

わが国では2000年前後、企業の3つの過剰（設備、雇用、借入）が大きな課題としてクローズアップされた。それ以前には企業のバランスシート調整が景気の回復を遅らせているといわれた。しかしながら設備に関しては、単なる不良資産、過剰資産ということだけではなく、ビンテージの上昇にみられるような老朽化、質の劣化も無視できない問題であったと思われる。特に、IT産業など技術革新のテンポが速い分野では、設備投資が抑制されると設備の陳腐化が急速に進むことは想像に難くない。経済全体で設備投資が長期にわたり低迷すれば、その時々の技術革新の成果を有する（備えている）新しい設備に、企業がいつまでも更新しない状態が続くことになる。設備のビンテージが上昇し、企業の生産性、ひいては競争力の低下を招く可能性がある。設備投資の低迷は、経済全体での資本（設備）の陳腐化、企業の生産性の低迷、競争力の喪失につながるのである。

前述したように、設備投資効率はやや改善の方向に向かっている。これに対して、ビンテージは上昇してきた後、あまり低下（改善）していない。また、資本装備率もなかなか改善しない状況にある。こうしたことから、中小企業においては、古くなってきた設備について、新しい設備への代替を抑制して使い続けているのではないか、ということが懸念される。競争力強化に向けて、生産性を高めるような設備投資の活発化、新しい設備への代替の進展が期待されるところである。

以上の分析の結果から、設備に関しては、量的な過剰だけでなく老朽化、質の劣化とそれによる企業の生産性、競争力の低下にも注意すべきであるといえよう。中小企業の設備のビンテージは総じて上昇してきており、今後はビンテージの低下を図ること、つまりは企業の生産性や競争力を高めるために設備のスクラップアンドビルドを図っていく必要がある。そして、単に過剰設備の整理だけで設備投資効率の回復を目指すのではなく、企業の生産性や競争力に貢献できるような（質の向上を伴う）更新投資等を進めることが必要である。少子高齢化が進展する中で、わが国が安定した経済成長を実現するために、企業の生産性を向上させるような設備投資が質的にも量的にも求められていると思われる。

第Ⅱ部　中小企業の絶えざる革新

第Ⅰ部では、中小企業において雇用吸収力の低下がみられ、また設備投資の低迷や設備の老朽化等により生産性や競争力に影響が及ぶ可能性があることを述べた。第Ⅱ部では、こうした状況を打破するための中小企業の多様な事業展開についてみていくこととする。具体的には、最初に新たな市場、事業分野に進出を図る中小企業の取り組みについて調査・分析を行い、次に伝統を重視しつつも時代の変化に適応しながら長期にわたり事業を継続してきた老舗企業の現状や経営の特徴について確認する。そして最後に、中小企業のグローバル化に向けた取り組み状況についてそれぞれ事例を交えて紹介する。

第1章 中小企業の新事業展開

少子高齢化の進展に伴う人口減少、市場の成熟化、情報技術の発達、海外との競争激化等、中小企業を取り巻く事業環境は大きく変化している。中小企業はこうした環境変化に対応し、新たな市場、事業分野への進出を図ることによって、生き残りと成長を目指していくことが重要である。

本章では事例調査に基づいて中小企業の新事業展開の実態を把握するとともに、新事業展開を図っていくための課題についても検討する。

1 中小企業の新事業展開の現状

(1) 新事業分野への展開

先ず、既存の調査に基づいて新たな事業分野への進出によって企業の生き残りと成長を図っている中小企業の現状をみていきたい。

中小企業庁の委託によって三菱ＵＦＪリサーチ＆コンサルティングが中小企業1万5千社を対象に行った新事業展開（既存事業とは異なる事業分野・業種への進出を図ること）に関するアンケート調査によれば、最近10年間に「新事業展開を実施したことがある又は実施中」という企業の比率は27・2％であり、「新事業展開を検討したことがある又は検討中」の企業（17・6％）を合わせれば、4割を超える企業が新事業への展開を実施又は検討している（**図表Ⅱ-1-1**）。

新事業への展開を実施・検討する予定がない企業にその理由を尋ねたところ、「有望な事業の見極めが困難」という回答が最も多く、以下、「既存事業の経営が疎かになる」、「新事業を担う人材の確保が困難」、「新事業経営に関する知識・ノウハウの不足」等が続いており、有望な新規事業が見つからないことや、社内の経営資源が不足していることが、新事業への取り組みを行わない大きな要因となっている（**図表Ⅱ-1-2**）。

新事業の事業分野としては「環境保全・リサイクル関連」、「省エネルギー関連」、「新エネルギー関連」、「ＩＴ関連」等が上位を

（図表Ⅱ－１－１）最近10年間における新事業展開の実施・検討の状況

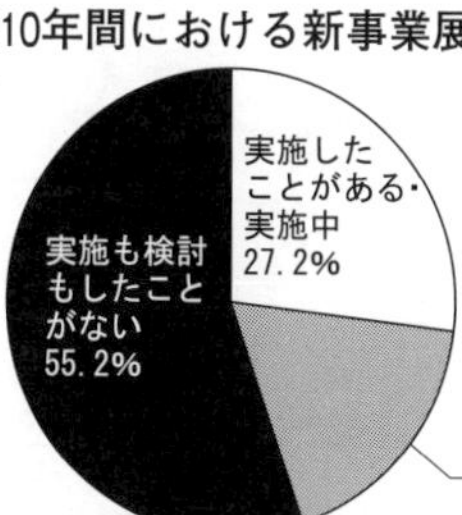

（資料）中小企業庁委託「中小企業の新事業展開に関する調査」（三菱ＵＦＪリサーチ＆コンサルティング）（2012年11月）

(図表Ⅱ－１－２) 今後、新事業展開を実施・検討する予定がない理由

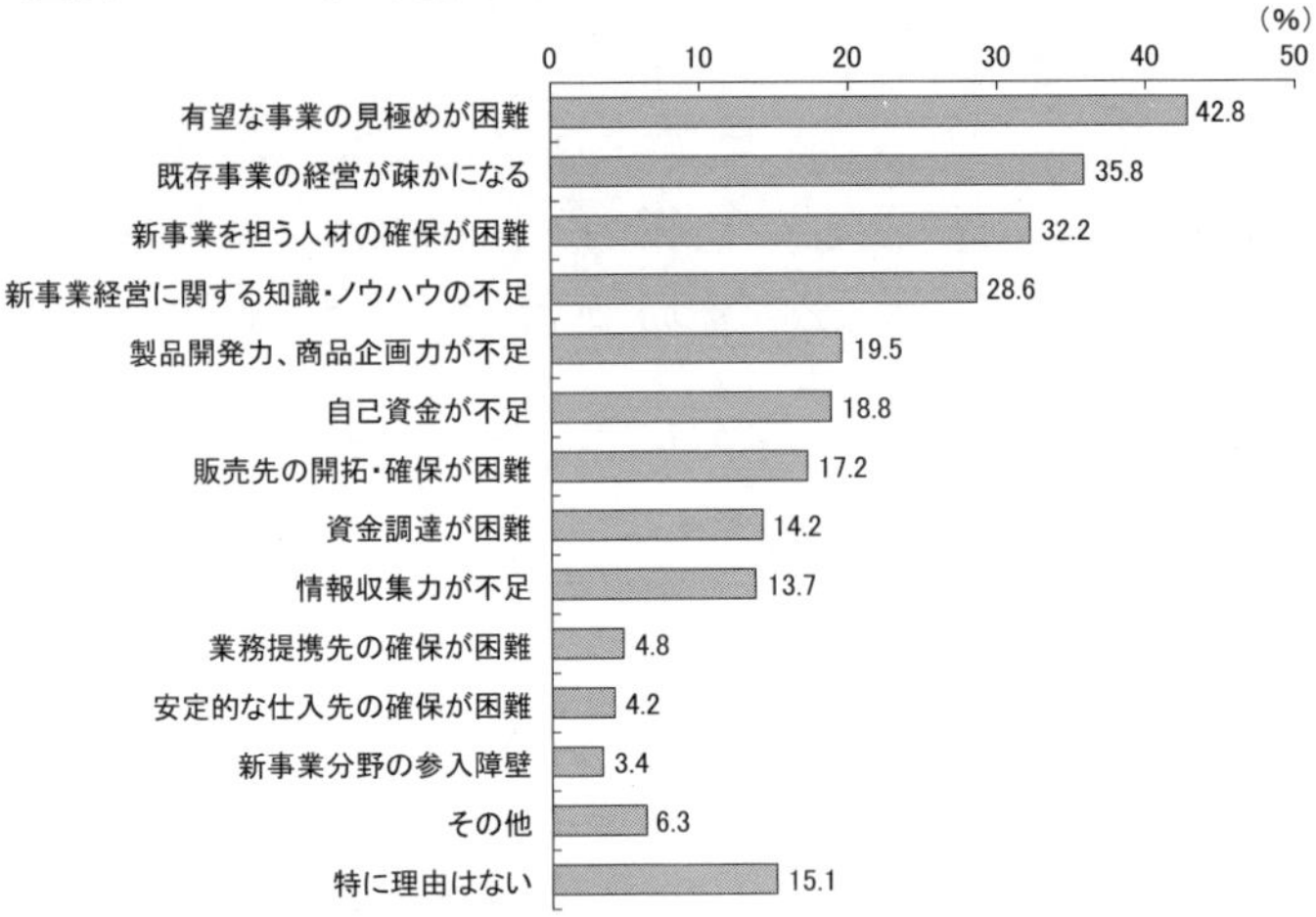

(資料) 図表Ⅱ－１－１に同じ

(図表Ⅱ－１－３) 新事業の事業分野

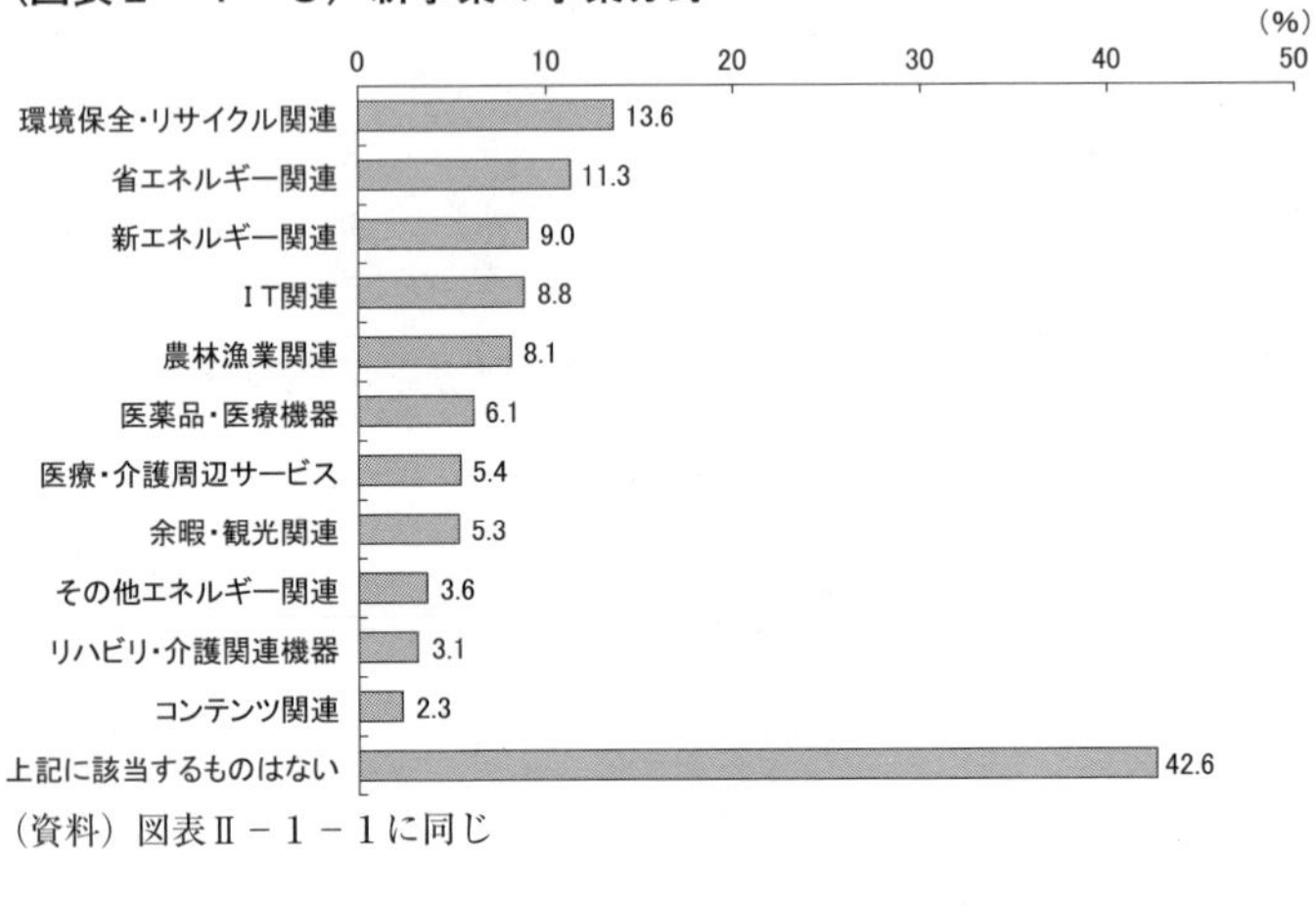

(資料) 図表Ⅱ－１－１に同じ

占めているが、「上記に該当するものはない」という回答も4割を超えており、多様な分野にわたっていることがうかがわれる（図表Ⅱ－1－3）。

新事業分野を選択した理由としては、「自社の技術・ノウハウを活かせる」という回答が58・6％で最も多く、「自社製品・サービスの提供ルートを活かせる」（30・9％）がこれに次いでおり、新事業展開に際しては自社がこれまでに蓄積してきた技術・ノウハウや既存の販売・サービスのルートを活かすことのできる分野を選択するケースが多くなっている（図表Ⅱ－1－4）。

（2）新事業展開の課題と企業業績への影響

新事業への展開を図った企業が直面した課題としては「新事業を担う人材の確保が困難」（40・5％）が最も多く、以下、「新事業経営に関する知識・ノウハウの不足」（32・2％）、「販売先の開拓・確保が困難」（30・1％）、「製品開発力、商品企画力が不足」（24・4％）といった

（図表Ⅱ－1－4）新事業の事業分野を選択した理由

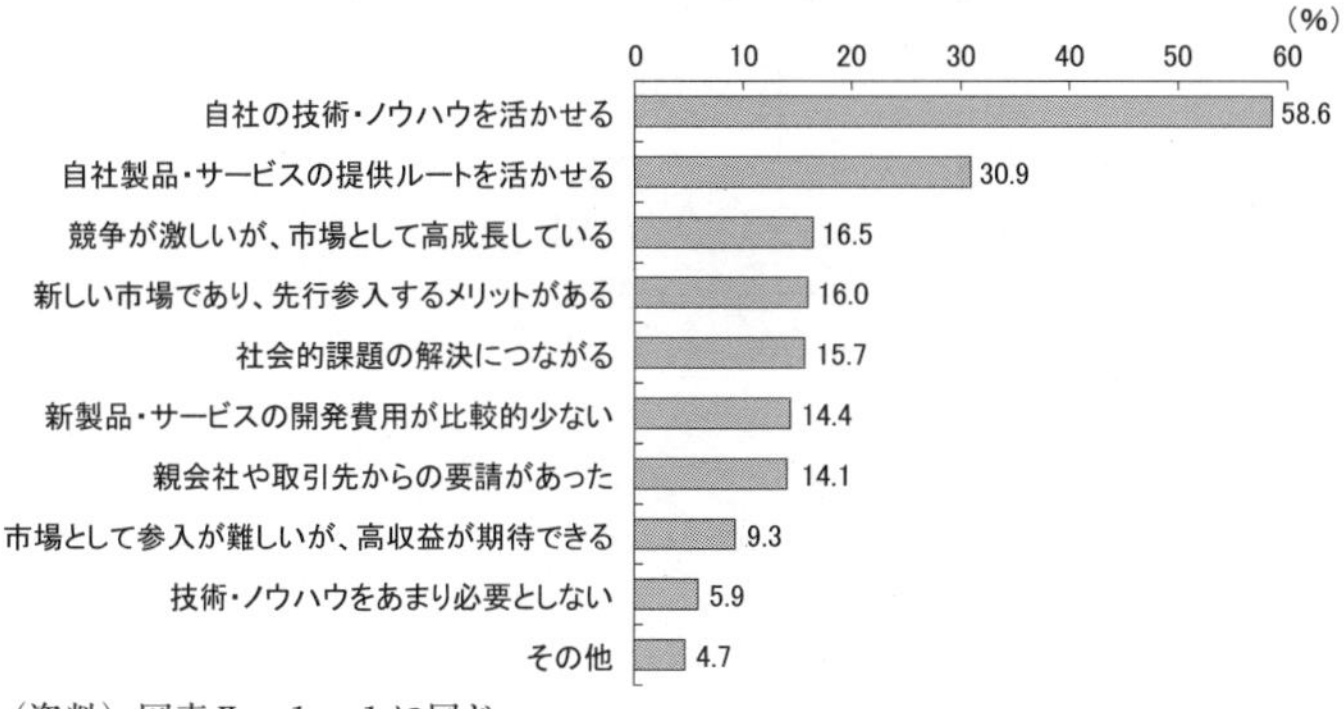

（資料）図表Ⅱ－1－1に同じ

項目が上位を占めている（**図表Ⅱ－１－５**）。

次に、新事業展開が企業経営に与えた影響についてみると、総合的な評価としては「良い影響があった」という回答が58・1％と6割近くを占めており、「どちらともいえない」が36・0％、「悪い影響があった」は5・9％である（**図表Ⅱ－１－６**）。

項目別にみると、いずれの項目でも良い影響（「良い影響」＋「やや良い影響」）の比率が悪い影響（「悪い影響」＋「やや悪い影響」）の比率を大きく上回っているが、「企業のＰＲ、知名度の向上」、「企業の将来性・成長性」、「企業の信用力向上」といった項目では良い影響（「良い影響」＋「やや良い影響」）の割合が６割を超えている（**図表Ⅱ－１－７**）。

このように新事業展開への取り組みは収益面だけでなく、企業の将来性、知名度向上、

（図表Ⅱ－１－５）新事業への取組に際して直面した課題

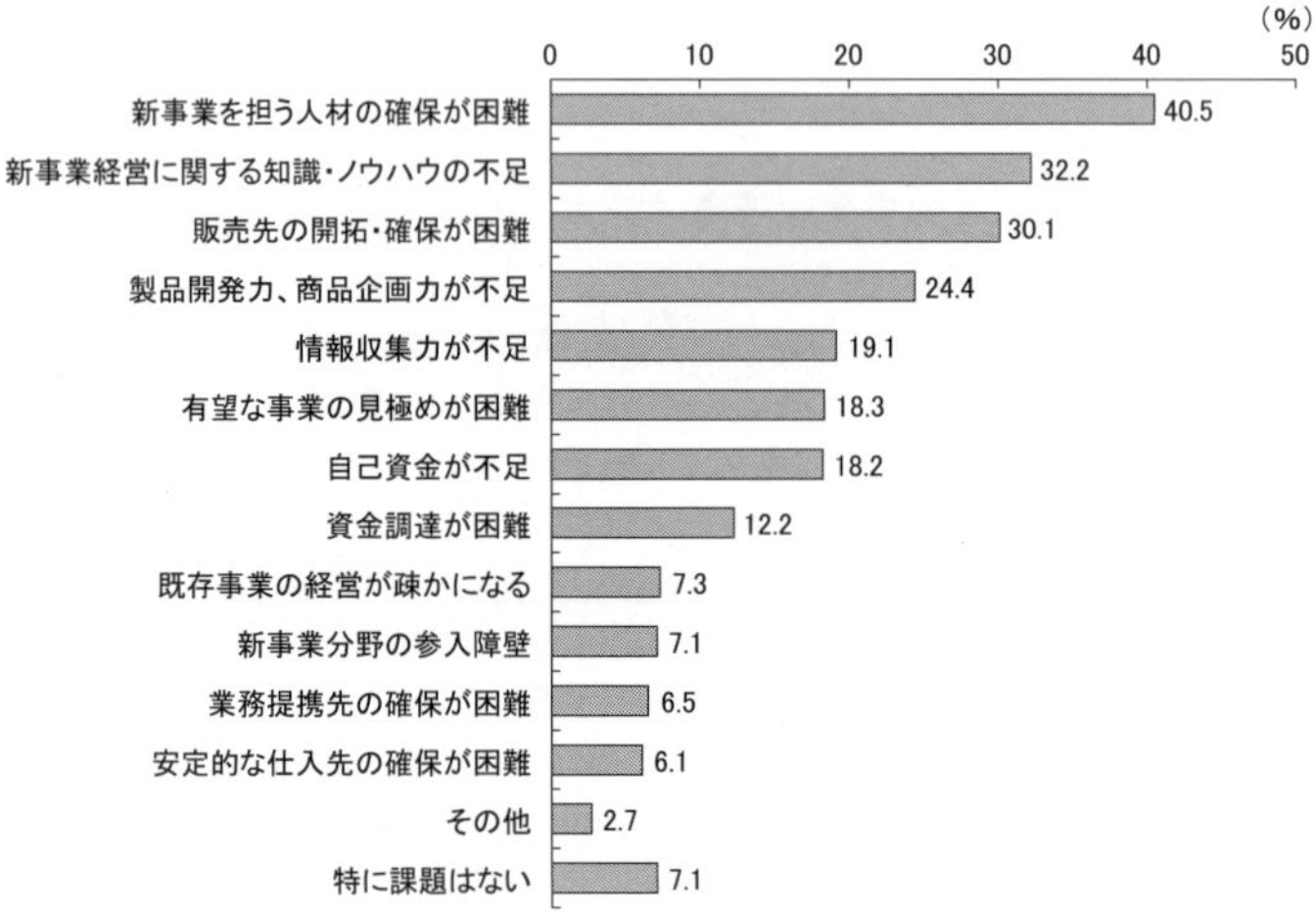

（資料）図表Ⅱ－１－１に同じ

（図表Ⅱ－１－６）新事業展開が経営に与えた影響
〈総合的な評価〉

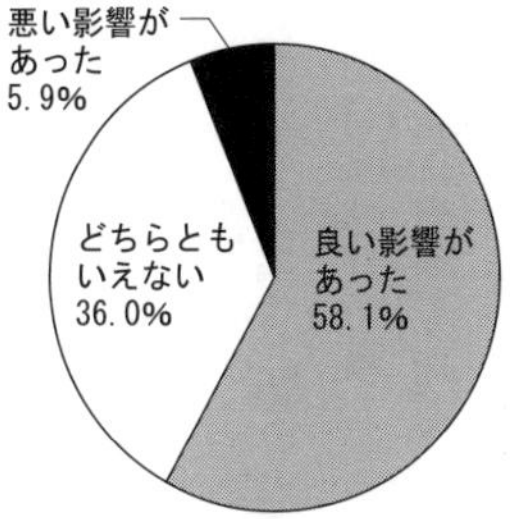

（資料）図表Ⅱ－１－１に同じ

（図表Ⅱ－１－７）新事業展開が経営に与えた影響

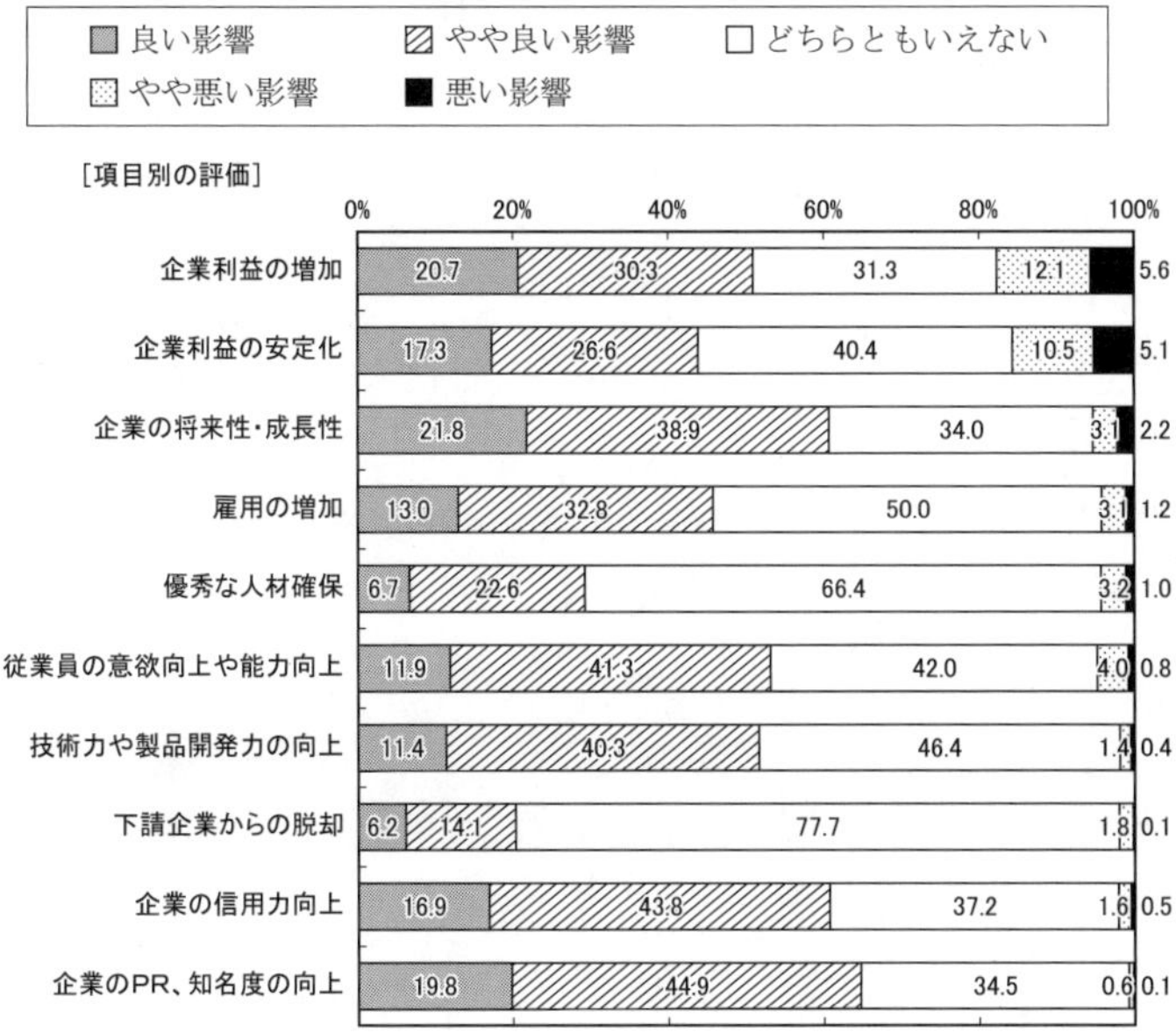

（資料）図表Ⅱ－１－１に同じ

従業員の意欲・能力の向上といった面においても良い影響を与えている。しかし、先に見たように、有望な分野を見つけるのが難しいことや経営資源の不足から、新事業展開を実施・検討しない企業も少なくない。また、新事業に取り組んだ企業においても、新事業展開のための人材確保、販路開拓、知識・ノウハウの不足、開発力・企画力の不足等が大きな課題となっているといえよう。

2 新事業に取り組む中小企業

(1) 新事業への取り組みと成果

本章では新事業展開に取り組んで成果を上げている企業への事例調査に基づいて、中小企業の新事業展開における課題について検討する。

事例先はいずれも新事業に取り組み、経営を支える新たな柱としたり、主力事業へと転換している。建設・建材専門の広告代理店であったアイ・エム・エー(事例1)は木造住宅用制振システムの開発と販売に取り組み、事業転換に成功し、業績も順調に伸びている。鏡、ガラスの二次加工・卸売、内装工事を行う西尾硝子鏡工業所(事例2)は高級ブランド店向けガラスショーケース等の高付加価値分野に進出している。電機会社の計測器修理事業部門から独立した京西テクノス(事例3)は医療機器の修理やメーカーサポートの終了した計測器の修理等の分野にも進出し、順調に事業を拡大している。やまと興業（事例４）はコントロールケーブル、金属パイプ等の自動車部品を主力製品としているが、ＬＥＤを使った自社製品の開発等の新事業にも積極的に取り組み、自動車部品以外の新規事業の売上が全体の20％近くに達している。水栓バルブの真鍮製金具の切削加工を主業務として行ってきた田中金属製作所（事例５）では、自社製品として開発した節水シャワーヘッドの売上が好調であり、当社売上全体の７割近くを占めるに至っている。金属パイプ曲げ加工、板金加工による自動車部品製造を主力事業として行ってきた武州工業（事例６）は医療機器の分野にも進出、医療機器部品の売上は大きく伸びており、来期は自動車部品の売上を超える見込みとなっている。

(2) 新たな事業分野の選択理由

先に紹介したアンケート調査の結果にもみられるように、有望な将来性のある分野をどのようにして見出すかは新事業展開における大きな課題である。

異業種交流や産学官連携等の交流を通じて新技術や有望分野の情報を得ているケースもある。アイ・エム・エー（事例１）では建築構造に関する研究者、技術者との交流を進める中で木造住宅用制振システムの共同開発に参加し、その広告宣伝、販売を担当するに至っている。やまと興業（事例４）は異業種交流や産学連携を通じての情報力を活かして、逸早くＬＥＤの将来性に注目し、世界に先駆けてＬＥＤペンライト、ＬＥＤイルミネーションを開発している。

既存の事業活動の中で有望な事業分野の存在に気付く場合もある。西尾硝子鏡工業所（事例2）の場合は高級店向けガラスショーケース等の高付加価値製品を以前からわずかながら手掛けてはいたが、リーマンショック後の売上減少に直面する中で、自社の得意技術、強みを活かせる高付加価値製品の分野に本格的に進出を図っている。京西テクノス（事例3）では24時間稼働の基板実装ラインの修理を依頼した経験から、修理ビジネスの将来性に着目し、新たなビジネスに展開を図っている。田中金属製作所（事例5）は節水器具の部品を受注した経験から、自社製品の付加価値の高さと節水機能を持つシャワーヘッドの有望性を知り、新製品の開発に取り組んでいる。

このようにして有望な分野、新製品の可能性を見出したとしても、製品の開発力、顧客のニーズに対応する力、社内体制の整備、人材の確保等ができなければ新たな事業としての成功は難しい。自社の持つ経営資源、強みを活かせる分野に展開することも重要であろう。西尾硝子鏡工業所（事例2）はガラス接着の技術を持ち、加工から搬入、組立までを一括して受注できるという強みを活かして高級ガラスケースの分野に進出している。やまと興業（事例4）ではＬＥＤペンライト、ＬＥＤイルミネーションの開発、製品化にあたって、設計、金型製作、樹脂成型、ＬＥＤの組込、発光チューブの製造等の工程は全て自社内で行うことができ、顧客からのデザイン、仕様の変更といった要望にも迅速に対応することができた。節水シャワーヘッドを開発した田中金属製作所（事例5）は水栓金具の製造で培った金属加工の技術を持っており、シャワーヘッド内で「マイクロナノバブル」を発生させる技術も自社で既に開発していた。武州工業（事例６）では自動車部品の製造で培った高度なパイプ加工の技術と効率的な生産体制による量産対応によって使い捨ての医療器具部品の受注に成功している。

(3) 販路の開拓

新たな分野に展開を図る企業にとって、顧客・販売先の開拓と確保は大きな課題である。事例企業はいずれも地道な努力によって販路を開拓しているが、新製品については製品の特徴、優れている点を顧客に的確に伝えることも重要である。アイ・エム・エー（事例１）では広告代理店のノウハウを活かして各種の模型を使って施主、工務店に直接、建物の揺れ方、制振の仕組みを説明したり、各種の振動実験のデータを取り、展示会出展、セミナー開催等を通じての有効性を理解してもらう等の努力を重ねて販路を開拓している。自社製品として節水型シャワーヘッドを開発した田中金属製作所（事例５）はテレビの通販番組やＤＩＹ店を通じて新製品を販売したが、代表者が自らＤＩＹ店の売場に立ち実演販売する形で製品の機能、特徴をアピールした他、専門機関による実験データを整備し、節水の効果、美容作用を説明するパンフレット、販促ビデオを作成し、取扱店を増やす努力を行っている。展示会等に出品して製品の新規性、機能等を知らしめることも有効である。やまと興業（事例４）の場合は開発した新製品はいずれも展示会で注目されることで、販売につながっている。また、同社の場合も大手テーマパークへのＬＥＤライトの売込等にみられるように代表者が自らセールスを行っている。

インターネットのホームページを見た顧客から照会があり、受注につながる事例もある。西尾硝子鏡工業所（事例2）では「ミラースタイル」という自社のホームページを通じて個人から直接、特注の高級室内鏡の製作、設置を受注している。武州工業（事例6）も当社のホームページを見た大手医療機器メーカーから医療機器部品の製造を新規に受注している。このような場合もホームページで自社の能力、特徴を適切に知らせる努力が重要である。西尾硝子鏡工業所（事例2）の場合、高級ブランド店のショーケース等の仕事をしていることをアピールすることにより、顧客に企業の具体的なイメージが湧き、信用も得られているという。武州工業（事例6）では営業部門の人員はわずかであり、新規の受注活動は主に当社のホームページを通じて行っている。ホームページには当社の社風、加工技術、生産体制、モノづくりの考え方等を詳しく掲載しており、ホームページを見た新規の顧客からの引き合いも多くなっている。

自社の持つ能力、特色等をわかり易く示すことで、ニーズを持った顧客の方からアプローチしてくる。電子機器の修理サービスを行う京西テクノス（事例3）の場合も当初はメーカーを回って修理の仕事をさせてもらうよう頼んでいたが、同社が修理ビジネスを行っていることを聞いて顧客の方から修理の問い合わせ、依頼の電話がかかってくるようになったという。顧客のニーズに的確に対応する能力を備えることで、新たな分野における顧客の開拓と確保が可能となる。京西テクノス（事例3）では多様な修理ニーズへの対応能力とサービス体制の充実、武州工業（事例6）の場合は加工精度、生産コスト、量産能力といった他社が備えることが困難な対応力を持つことによって競争力を発揮しており、新事業分野における競合先はない状態である。

（4）社内体制の整備と人材の育成

新たな事業に取り組むには、そのための体制整備、人材確保・育成が必要である。事例企業は各社とも社内体制の整備と人材育成に力を入れている。

広告代理店であったアイ・エム・エー（事例1）の場合、木造住宅用免震システムの製造、販売は全くの新しい分野であり、そのための人材も新規に採用し、育成してきた。西尾硝子鏡工業所（事例2）も人材育成に取り組んでおり、ガラスの加工、接着の技能承継を図るとともに技能者の多能工化を進めている。また、マーケティングやデザイン、マネジメント等の知識についても代表者が講師となって勉強会を開催している。やまと興業(事例4)はＴＰＭ(Total Productive Maintenance：全員参加の継続的改善）活動等の改善活動を通じて実践重視の人材育成を進め、新製品の開発、商品化にも対応している。田中金属製作所（事例5）も事業規模の拡大に備えて社内の体制を整備し、組織力を高めていくことが重要であると認識しており、人材の育成、採用も積極的に行っている。武州工業（事例6）では1人の作業者が最大9つの加工工程を担当し、1つの部品製造の材料調達から加工、品質管理、出荷管理までを行う「一個流し」生産方式を採用しており、作業者の多能工化、レベルアップは必要不可欠である。当社は技能の習得に向けた研修に力を入れるとともにＩＳＯ内部監査員の育成制度等の社内教育制度も充実させている。

電子機器の修理サービスを専門に行う京西テクノス（事例３）の場合も専門的な知識とスキルを持ち、多様なメーカー・機種の装置の修理サービスを行える技術者を養成し、確保していくことは極めて重要であり、技術者の育成のための社内教育を充実させるとともに若手社員に対するビジネスの基本教育にも力を入れている。更に当社ではこうした人材の育成の経験を活かし、情報通信、医療、電子分野のエンジニア育成、新入社員研修等の教育サービスという新たな事業（子会社による）を展開している。

（５）今後の展望と課題、他企業との連携

事例企業は今後とも、新規分野への展開、新製品開発を継続していく方針であるが、中小企業の場合、そうした取り組みに必要な経営資源の全てを備えることは容易ではない。新事業への展開、事業分野の拡大には他の企業等との連携も必要である。

アイ・エム・エー（事例１）は新製品の開発、設計については共同開発メンバーの開発設計者に依存し、自社は製造、販売に特化している。西尾硝子鏡工業所（事例２）は映像会社と連携することで、鏡と映像を融合させたデジタルサイネージ（電子看板）の分野へも展開を図っている。京西テクノス（事例３）は国際物流会社と提携して、国際空港内の保税地域に修理拠点を設置し、アジア各地から修理が必要な医療機器、計測器等を空輸し、保税地域内で修理して送り返すとい

うビジネスを開始する予定である。やまと興業（事例４）はＬＥＤを使ったチンゲン菜の花芽誘導装置の開発や健康緑茶事業において農商工連携の実績があり、今後は地域の企業と連携して日照不足時の補光としてＬＥＤを使う植物工場の開発にも取り組んでいく方針である。田中金属製作所（事例５）は「マイクロナノバブル」水流を発生させる技術を応用して医療、農業（水耕栽培）等の分野にも展開していくことを目指しており、他企業との連携、産学連携が必要と考えている。武州工業（事例６）でもデザイナーと連携してパイプ曲げ技術を応用した知育玩具「パイプグラム」を開発し、発売している。

　中小企業は自社を取り巻く環境変化に対応し、新たな市場、事業分野に進出を図ることによって、生き残りと成長を目指していくことが重要である。新事業への展開に際しては有望な分野の見極めや新事業を担う人材の確保、新事業に関する知識・ノウハウの不足、販路の開拓等が大きな課題であり、事例企業をみても、自社が蓄積してきた技術・ノウハウを活かせる分野に進出することが多くなっている。新分野展開を図る企業にとって、顧客・販売先の開拓と確保は大きな課題である。事例企業はいずれも地道な努力によって販路を開拓しているが、自社の能力、製品・サービスの特徴、優れている点を顧客に的確に伝えることも重要である。他社にはない製品、サービスを提供することで顧客の方から照会があって取引につながるケースもみられる。新たな事業に取り組むには、そのための体制整備、人材確保・育成が必要である。顧客のニーズに的確に対応する能力を備えることで新しい事業への展開が可能となる。事例企業は各社とも社内体制の整備と人材育成に力を入れている。

中小企業の場合、新規分野への展開に必要な経営資源の全てを備えることは容易ではない。他企業との連携も含めて新事業展開に取り組んでいくことも重要である。

3 ヒアリング事例

事例1 株式会社 アイ・エム・エー

設　立　1991年　　資本金　1、000万円
従業員　14名　　所在地　東京都中央区
事業内容　建築材料製造販売（住宅用制振システム、地盤補強システム、ビル・マンション耐震補強システム等の販売）

1．企業の沿革、特徴

当社は1991年に設立され、建設・建材専門の広告会社として各種広告媒体への広告代理業務を行ってきた。代表者が1993年から日本免震協会の機関誌発行に編集担当として加わり、建築構造に関する研究者、技術者等とも交流を深める中で、当社は木造住宅用制振工法の

共同開発に参画し、2004年からは木造住宅用制振システムの販売に取り組んできた。近年、木造住宅用制振システムに対する認知と関心の高まりを受けて、その採用が増加しており、業績も順調に伸びている。

2. 新事業への取り組み

当社は2001年から開発設計者、大手化学メーカー、建築金物メーカー、大学等と連携して木造住宅用制振工法の共同開発に取り組んだ。当初は新たな制振システムの広告・宣伝のみを担当する予定であったが、販売面も当社が中心となって進めることになり、営業担当の人員を採用し、振動試験等の費用についても当社が負担してきた。

2004年に木造住宅用制振システム「GVA（ジーバ）」、2011年には復元力耐力壁「X－WALL」を開発し、発売。GVA（ジーバ）は壁面に取り付けるダイヤ型の鋼製アームと特殊樹脂を挟み込んだ粘着性ダンパーから成っており、地震の震動エネルギーを粘着性ダンパーの摩擦熱エネルギーに変換することで揺れを最大で70％軽減することができる。また、X－WALLはX型に配置した鋼製アームと復元力間柱（木材）を組み合わせ、間柱の粘りを活かすことで、壁倍率3・4倍の耐震性と復元力（粘り強さ）を発揮させる耐力壁である。

これらの製品は当社の販売努力によって少しずつ売れていたが、2011年の東日本大震災以降、木造住宅の制振に対する関心が高まったことやテレビ番組で当社の制振システムを採用した住宅が紹介されたことから、大手ハウスメーカーにも採用され、２０１２年以降売上は大きく伸びている。

なお、既存の広告代理店業務については関連会社に移管し、当社は制振システムの販売に特化している。

３．販路の開拓と社内体制

製品の販売に関しては、当初は開発に参加したメンバー各社がそれぞれの持っているルートを使って販売することになっていた。開発参加メンバーである大手化学メーカーや建築金物メーカーは既に建材商社や大手住宅メーカー等との取引もあったが、自社の本業や既存の取扱商品の販売との兼ね合いもあり、新製品の販売活動にはあまり力が入らない状況であった。

これに対し、当社は販売に関しては全くのゼロからのスタートであり、取引先とのしがらみもなく、全力で販売に取り組んだことで、新製品販売の主力となった。また、当社は広告代理店のノウハウを活かして各種の模型を作り、それを使って施主、工務店に直接、建物の揺れ方、制振の仕組みを説明したり、展示会出展、セミナー開催等を通じて制振システムの有効性を理解してもらう等の努力を重ね、売上を着実に積み上げてきた。こうした当社の販売への努力と実績が評価されたこともあり、メンバー各社相互の競合、価格競争を避けるため、制振システムの販売については当社一社に集約することになり、全国の工務店等からの注文に応じて、当社が工務店等に直接販売している。直販することにより顧客のニーズや情報の収集も可能となった。

製品についても、当初は建築金物メーカーが大手化学メーカーの作ったダンパーを金物に組み込んで製作、それを当社が大手化学メーカー経由で買い取るという形をとっていたが、今後は当社がパーツを購入し、自社で組み立てることになっている。

なお、開発、設計に関しては共同開発メンバーの開発設計者に依存しており、当社には開発、技術部門はない。

４．今後の展望、課題

木造住宅用制振システムＧＶＡの採用実績は急速に拡大しており、施工実績は２万棟を超えるまでに成長している。

当社は今後も既存製品の売上拡大を図るとともに、開発設計者と連携して新製品の開発に取り組んでいく方針である。２０１４年秋には新商品として、既存の鉄筋コンクリート建物を補強し、倒壊を防止する耐震補強ユニット「ＳＬ－Ｃｕｂｅ（エスエルキューブ）」を開発し、販売を開始している。これは角型鋼管から切り出した25㎝の立方体キューブをボルトで縦に接合し、積層して上階の梁からアンカーで吊るもので、巨大地震によって1階の柱が損傷した場合に建物の重量を柱に代わって支える役割を果たす。躯体補強工事に比べて費用は５分の１程度であり、現場作業も簡素で工期も短いため、店舗等の継続営業も可能である。

事例2　株式会社　西尾硝子鏡工業所

設　立　1953年（創業：1932年）　資本金　1、000万円
従業員　23名　所在地　東京都大田区
事業内容　板ガラス・鏡加工卸、内装工事

1．企業の沿革、特徴

1932年に現代表者の祖父が鏡の製造販売を行う西尾商店を創業。1960年代に入り、大手ガラスメーカーが鏡を製造するようになると、当社も鏡の製造からは撤退し、大手ガラスメーカーの販売代理店として鏡、ガラスの二次加工・卸売、内装工事を主力業務として行ってきた。近年は高級ブランド店向けガラスショーケース等の高付加価値分野への進出を図るとともに太陽熱発電装置用鏡の開発といった先端分野にも挑戦している。

2．新事業への取り組み

2000年代に入って東京都心部の再開発が進む中で当社の事業も順調に拡大していたが、2008年に発生したリーマンショックによって売上は大幅に減少。デフレ傾向が進み、取扱

製品の単価も低下する状況が続いた。

こうした状況下、当社は少し前から手掛け始めていた高級店向けガラスショーケース等の高付加価値製品の分野に本格的に進出し、事業の立て直しを図った。ガラス切断面の加工処理とガラス同士の接着という当社の得意技術を活かし、加工から搬入、組立までを一括して受注。45度の角度で切断されたガラスの断面を貼り合わせてガラスケースを作るという手法も開発。顧客からも高い評価を得ており、百貨店、ホテル、海外有名ブランド店にディスプレイ、アクセサリーケース等を納入している。

また、当社は個人向けの高級室内鏡の受注というBtoCの分野も開拓している。これは「ミラースタイル」という当社のホームページを通じて個人から直接、特注の鏡の製作、設置を受注するもので、顧客の中心は都心の高層マンション等に住む高所得者層である。この事業の売上全体に占める比率は8％程度とまだ小さいが、着実に伸びており、付加価値も大きいものとなっている。この事業では顧客への提案力や迅速な対応力が重要であるが、当社が既に持っているノウハウ、加工設備、施工能力等の経営資源を活用することでそうした能力を発揮できる。

太陽熱発電用の鏡の開発という先端分野にも挑戦している。2008年にアラブ首長国連邦のアブダビに設置された太陽光発電装置には1400枚もの当社製の鏡が使われている。大手プラントメーカーからの依頼を受けて2007年から開発に取り組み、当社の持っていた劣化防止のコーティング技術を応用し、耐熱性、耐候性に優れた鏡（セミDXミラー）を完成させ、納入している。

3．販路の開拓と社内体制

有名ブランド向けショーケースの顧客は全くの新規先ではなく、以前からわずかながら取引はあったが、その顧客が有名ブランド関係の仕事をしていることを当社は知らなかった。既存の顧客に当社の技術力を活かせる新しい分野を売り込み、深掘りしていくという形で受注を拡大していったということである。

高級室内鏡の受注（BtoC）についても、飛び込みによる新規開拓は行っておらず、ホームページの内容を充実させ、当社の得意な分野、施工事例、表彰実績等を掲載することで問い合わせが増えるよう努めてきた。顧客からの問い合わせに対して、要望を丁寧に聞き、提案を重ねて施工することで顧客の満足度を高め、口コミやネット上の評判が次の問い合わせ、受注につながることを期待している。

ブランド店向けショーケース、個人向け高級室内鏡ともにニッチな市場であり、そうした分野で専門性を発揮し、他社との差別化を図っていくことが重要であると考えている。

当社は人材育成にも力を入れており、OJTを通じてガラスの加工、接着の技能を承継していく方針である。技能者の多能工化を図っており、一つの技術について熟練、中級、初級の3人がいる「1技術3人体制」を構築している。当社では技能だけでなく、マーケティングやデザインについても学んでいくことで、ものづくりのレベルが上がり、当社の強みを顧客にアピールできるようになるだけでなく、技能者が経験を重ねて中堅・幹部社員としてのキャリアを重ねていく上では、マネジメントの知識も必要となるという考えの下に、代表者が講師となってマーケティング、デザイン、マネジメント等についての勉強会を開催している。

4・今後の展望、課題

今後もガラスと鏡をベースとした事業を展開していくが、価格決定権を持つ、顧客からの認知度を高めるという観点から、より完成品に近いものを扱っていくことが重要であると考えている。そのためにはマーケティング、デザイン力等の多様な経営資源が要求されるが、1社では全てを備えることはできないため、他の企業と連携を組んでいくことも必要と考えている。

ブランド店向けショーケースについては、今後は外国人観光客の増加等に伴って出店や店舗の改装が増えることが見込まれる。また、全般的に職人がいなくなってきているという状況であり、職人の育成と技能の承継ができていることは当社の強みとなる。

高級室内鏡の受注（B to C）の分野についても、東京オリンピックを控えて都心や湾岸部の高層マンションの建設が進む中で、これから需要の拡大が期待出来る。

全く新しい分野としては、映像会社と連携して、鏡と映像を融合させたデジタルサイネージ（電子看板）の分野へも展開を図っている。デパートのパウダールーム、企業の受付、結婚式場におかれた鏡（ハーフミラー）の裏から案内、イベント情報を流す等の形で、鏡とディスプレイをセットにした活用法を提案していきたいと考えている。

事例3　京西テクノス 株式会社

設　立　2002年（グループ創業：1946年）資本金　4、000万円
従業員　300名　所在地　東京都多摩市
事業内容　計測器・医療機器・通信機器等の修理、再設計、運用管理

1．企業の沿革

現代表者の祖父が1946年に京西電気研究所として創業、電話交換機部品や計測器の製造を開始。1964年には京西電機㈱を設立し、計測器等の製造、電子部品の基板実装を主力に事業を行ってきた。

1998年に京西電機㈱に入社した現代表者は計測器の修理ビジネスに着目し、2000年の計測器修理事業部門の独立、分社化を経て、2002年に当社を設立。その後、医療機器の修理やメーカーサポートの終了した計測器の修理等の分野にも進出。日本全国をカバーするサービス体制を構築し、順調に事業を拡大している。

2. 新事業への取り組み

代表者が京西電機㈱に入社した当時は大手電機メーカー向けの電子部品の基板実装が事業の主力であり、工場の基板実装ラインを24時間稼働させて厳しいコストダウンの要請に応えていた。実装ラインにトラブルが発生すれば、夜中でも機械メーカーの修理を依頼せざるを得ないが、簡単な修理でも交換部品代、技術料として何十万円という金額を請求される。高価な生産ラインをフル稼働させ、製品1個当たり何銭という単位のコストダウンが求められる製造業に比べて、修理サービス事業の収益性の高さを実感させられ、中国等の新興国との競合が激化する中で、20年先30年先もこのままでモノづくりが続けていけるのかと悩んでいた代表者はスピードと対応力を活かして日本国内で生き残っていけるようなサービス事業に展開を図った。

既に社内には製品の検査を行い、不具合があれば解析し、手直しを行う検査部門があり、計測器の修理も一部行っていた。代表者は修理の仕事をさせてもらうよう計測器メーカーを回って歩き、少しずつ実績を積んでいった。

そうした中で米国の大手医療機器メーカーの日本法人から、「計測機器の修理をしているなら医療機器（脳波計、心電計）の修理もできるのか」という問い合わせがあり、医療機器修理の分野にも参入する手がかりを得ることができた。最初は社員2～3名を先方に預け、教育・訓練しながら仕事をさせ、当社の力を見るという形であったが、受注量の拡大に伴って1年後には当社からの派遣社員は10名にまで増加。その後、日本法人の修理部門を全面的に外部委託するという方針が示されたことから、当社も立候補。海外勢との競争を制して日本国内唯一の修理受託先となり、修理部門の部長以下30名の技術者も当社に移籍し、大手医療機器メーカーの修理業務を全面的に引き継いだ。

これによって計測器、通信機器の修理に加えて医療機器の修理という新しい事業の柱が加わった。また、経験とスキルを持った米国の大手医療機器メーカーの修理技術者を受け入れたことによって薬事法に基づく医療機器修理業の認可も短期間で得ることができた。

更に2003年には国内大手航空会社2社からメーカーサポートの終了した検査システムの修理も受注している。航空機は一定の飛行時間ごとに定期検査が義務付けられており、コックピットの計器類も定期的な検査・調整が必要である。大手航空会社のこうした検査システムを構成する計測器のうちの何台かに不具合が発生したが、当該計測器は導入から年数が経過し、既にメーカーのサポート期限が終了しているため、メーカーの修理サービスを受けることができない。システムが異なるため新しい計測器で入れ替えることはできず、修理ができなければ検査システム全体を更新する必要があった。計測器メーカーのサービス部門から、当社でなんとか修理対応ができないかという電話依頼を受けて、翌日直ちに成田空港の整備場に赴いて不具合の計測器3台を預かって帰り、3週間ほどかけて修理して納品したところ、航空会社に非常に喜ばれ、他の古い計測器の修理も受注できることになった。翌日には、この話を聞いた他の大手航空会社からも電話が入り、同社の古い検査システムの修理を依頼されることになった。

新しい技術、ソフトウェア、部品を使った製品への更新が進む中で古い製品の部品を確保し、保守サポートを保証し続けることはメーカーにとって負担が大きく、発売後一定期間を経過した古い電子機器はメーカーの保守サポートが打ち切られるのが一般的である。しかし、古くても使いなれた製品を使い続けたいというユーザーも少なくないし、航空会社の例のように生産・業務の大規模なシステムの一部を構成している機器では不具合の生じた機器だけを新しい製品に入れ替えて使うことができない場合があり、古い電子機器の修理サービスへのニーズは確実に存在する。

これらの受注をきっかけに、当社はメーカーサポート終了後の計測器の修理という新しい事業分野を開拓。このビジネスは、サポート期間の終了した機器を修理して使い続けることができるエンドユーザー、サポート期間の終了した機器の対応に苦慮していたメーカー、エンドユーザーからの直接受注（脱下請）を目指す当社の３者それぞれがメリットを感じられるものとなっている。

現在、当社は様々なメーカーの電子機器を対象にトラブル時の受付・テクニカルサポート、修理完了までを24時間３６５日体制で対応する「トータルマルチベンダーサービス」を日本全国で展開。サービスの内容としては、計測器、医療機器等の修理・再設計（部品調達が不可能になった機器の延命、機能拡張、海外製機器の国内部品への置き換え等）・校正だけでなく、ネットワークを通じての医療機器のリモート管理も行っている。

当社は更にメガソーラー等の再生エネルギー関連機器や産業用ロボットの受入検査、定期点検、修理等のサービスの分野にも進出している。

3．販路の開拓と社内体制

当社は電子機器の修理ビジネスという新しい市場を開拓したが、修理のノウハウの蓄積と対応力、全国を網羅するサービス体制、機器のメーカー・機種を問わない（マルチベンダー）対応、各サービス拠点が薬事法に基づく医療機器修理業の許可を取得済といった点から競合先は見当たらない状況である。高いスキルと対応力を持った人材の確保育成、全国規模のサービス拠点の展開、交換部品の調達ネットワーク等の社内体制をいち早く整備できたことがこうした競争優位の源泉である。

修理サービスを行う技術者には多様なメーカー、機種の電子機器を扱うことのできる変動対応力が要求される。当社は技術者の育成のために社内教育を充実させるとともに若手社員に対するビジネスの基本教育にも力を入れている。

こうした人材の育成の経験を活かした教育サービスの事業化も行っている。子会社の京西クリエイトでは情報通信、医療、電子分野のエンジニア育成、新入社員研修等中心に延べ1千300講座以上の教育サービスを展開しており、当社内の研修用施設での実際の機器を使ったハンズオントレーニングも豊富に取り入れられている。

４．今後の展望、課題

当社はグローバル化に対応して、既に中国にも進出して現地での修理サービスを行っているが、人材、費用の面で各国に国内と同じレベルの修理拠点を整備することは困難であり、如何にして日本国内に居ながら海外の電子機器の保守修理サービスにも対応していくかが今後の重要な課題であると考えている。

当社はこの課題を解決すべく、２つの方向で新たな事業展開を目指している。第一はネットワークを使って海外にある機器のリモート監視、リモートサービスを行うというビジネスであり、現在、システムを開発中である。第二は国際空港内の保税地域に修理拠点を設置し、国際物流会社と提携してアジア各地から修理が必要な医療機器、計測器等を空輸し、修理して送り返すというビジネスである。現状では米国製の機器を米国に送って修理すると何か月もかかるが、当社では遅くとも４、５日で修理して戻すことができる。さらに、保税地域では、①海外の部品、パーツも集め易い、②薬事法の適用対象外であるため国内未承認の医療機器の持ち込み、修理、返送も可能といったメリットも見込める。現在、保税修理工場の設置を申請中である。

事例4　やまと興業 株式会社

設　立　1944年　　資本金　6、000万円
従業員　300名　　所在地　静岡県浜松市
事業内容　自動車部品（コントロールケーブル、金属パイプ部品）製造、樹脂成形、金型・治工具の製作、光技術応用製品の開発・製造・販売

1. 企業の沿革

当社は1944年に設立。当初は農機具類の製造を行っていたが、1955年に浜松でオートバイの製造が始まると自動車会社の協力工場として工場内で使われる治工具を製造し、1958年からオートバイ用コントロールケーブル、1964年からはパイプ部品の製造を開始した。現在もコントロールケーブル、金属パイプ等の自動車部品を主力製品として製造しており、二輪車用コントロールケーブルでは60％以上の国内シェアを確保している。

当社はLEDを使った自社製品の開発等の新事業にも積極的に取り組んでおり、自動車部品以外の新規事業の売上が全体の20％近くに達している。

2. 新事業への取り組み

当社は1995年から自社製品の開発に取り組んだ。最初に開発したのはLEDを使った交

通安全用具（手持ちタイプのライト）「ファンタジックライト」であった。設計、樹脂成型、ＬＥＤの組み込み、発光チューブの製造等は全て社内で行い、１個３千円、１万個のファンタジックライトが完成したが、その販売には苦労した。夜間に全社員がライトを持って市内を行進するキャンペーンや社内での販売コンクールも実施。こうした社員の努力により２年くらいの期間をかけて売り切ることができた。

１個３千円という販売価格が高すぎたという反省から、第二弾として１個千円のシンプルな構造のペンライト「チアライト」を開発し、１９９６年１月に発売。代表者の知り合いの会社に依頼して東京ビッグサイトで開催された展示会「東京インターナショナルギフトショー」のブースの一角を借りる形で出品された「チアライト」が大手芸能事務所の目に留まり、コンサート会場で使われるペンライトとして採用され、爆発的な売れ行きとなった。

次に当社は大手テーマパークに「チアライト」を売り込むべく、代表者が直接テーマパーク運営会社に電話をかけた。３人目に電話に出た商品開発の担当者が予てから何か青色ＬＥＤを使った新商品が開発できないかと考えていたという幸運もあって、当社の提案が採用された。翌１９９７年から独自デザインのオリジナル商品として発売されたＬＥＤライトは大ヒット商品となり、発売２年目には当テーマパークでも新記録となる売上を達成した。

ＬＥＤを使ったイルミネーションの開発にも取り組み、２０００年に光るＬＥＤロープ「ライトハーテッド」を製品化。２００２年には従来使われていた電球を全てＬＥＤに置き換えたイルミネーション「スパークルライト」を発売。現在、当社のLEDイルミネーションは全国の駅、商業施設等で採用されている。

この他にもLEDを使った水中ライトや植物育成ライトも開発している。当社が開発したLEDによるチンゲン菜の花芽誘導装置は2004年の浜名湖花博にも展示され、大学、農家等との連携による花芽誘導装置の開発とチンゲン菜の花芽の普及事業は「農商工連携88選」にも選定された。

2005年、当社は後継者がいない企業の工場土地、建物を引き継ぐ形で浜松市の都田工業団地に進出。その際、超硬合金工具と健康緑茶の製造事業も引き継いだ。超硬合金工具の製造は超微粒子の金属粉末を混合、成形、焼結して行われるが、健康緑茶事業はこの技術を応用して微粒子の粉末にすることで抗酸化作用等の効能を高めた粉末緑茶を作るものである。健康緑茶事業を引き継いだ当社は更に研究を進め、低温、無酸素装置内で200ナノメートルの超微粒子に粉砕した「スーパーミクロン粉末緑茶」として発売。2006年には抗アレルギー作用を持つメチル化カテキンを豊富に含む「べにふうき」品種の粉末緑茶も開発、発売している。この他にも大学や農家と連携して緑茶を使った機能性食品の開発に取り組んでおり、「べにふうき」を使った機能性菓子「かみかみべにふうき」の開発、販売は2008年に農商工連携事業の認定を受けている。

3．販路の開拓と社内体制

新たに開発した製品はギフトショー等の展示会への出展を通じて販路の開拓に成功したものが多い。また、ＬＥＤライトの大手テーマパークへの売り込みのように代表者が直接セールスを行うこともある。

こうした販路開拓の努力に加え、ＬＥＤのように将来の発展性が見込める分野を見出して逸早く製品化に取り組んだこと、金型製作や樹脂成型も自社で行っており、製品化、顧客からのニーズにすぐ対応できることが成功の要因として挙げられよう。

当社は新入社員研修や監督者研修等の人材の育成にも力を入れている。また、ＴＰＭ（Total Productive Maintenance：全員参加の継続的改善）活動等を通じて、実践重視の人材育成を図っており、こうしたものづくり力が新製品の開発、商品化にも活かされている。

4．今後の展望

代表者は浜松商工会議所の農商工連携研究会の代表幹事を務めており、地域の企業と連携し、日本で最も日照時間が長いといわれている浜松地域の特性を活かして、太陽光を主力にし日照不足時の補光としてＬＥＤを使う浜松型植物工場の開発に取り組んでいる（ビニールハウス製造の当社子会社も参加）。

健康緑茶事業についても、先に述べたように地域の農家や大学等と連携して、商品化と販路開拓に取り組んでおり、健康に対する関心の高まりを背景に市場が広がることを期待している。

事例5　株式会社　田中金属製作所

設　立　1994年（創業：1965年）　資本金　1、000万円
従業員　23名　所在地　岐阜県山県市
事業内容　水栓器具金属部品、浄水器部品、節水機器製造

1．企業の沿革

日本の「水栓バルブ発祥の地」と言われる岐阜県山県市美山地区には水栓バルブ関連の企業が集まっており、当社も1965年の創業以来、水栓バルブの真鍮製金具の切削加工を主業務として行ってきた。近年は自社製品として開発した節水シャワーヘッドの売上が好調であり、当社売上全体の7割近くを占めるに至っている。

2．新事業への取り組み

当社は2000年頃より節水アダプター（節水コマ）や水に空気を混ぜて節水する泡沫アダプターを自社開発しており、2005年には節水機能を組み込んだシャワーヘッド「アリアミスト」を発売した。新商品は大手DIY店での取り扱いが決まったが、店頭に置かれているだ

けではなかなか売れなかった。2006年にテレビ通販専門チャンネルに採り上げられ、個人向け売上が順調に伸びていたが、仲介の商社のトラブルに巻き込まれて放送が終了、テレビ通販の売上は消滅してしまい、以後は地道に都市ガス、ホテルといった業務用の大口販売先の開拓に努めていた。

2011年には水中に溶け込んでいる空気を利用してマイクロナノバブルを発生させるシャワーヘッド「ボリーナ」を開発して発売。シャワーヘッドから発生するマイクロナノバブルは水中に留まる時間が長く、毛穴や皺の奥に入り込んで汚れを吸着。節水だけでなく、洗浄・保湿・温浴の作用が認められ、美容にも良いことがわかっている。「ボリーナ」は後に述べるような販売の努力もあって、消費者にその機能、効果が認められ、売上は大きく伸びている。

3．販路の開拓

「ボリーナ」については毎週末に代表者が自ら大手DIY店の売り場に立ち、直接消費者に体験型の実演販売を行い、取扱店を増やす努力を行った。また、自社のネットショップでの販売を通じて顧客の評価レビューを集めるとともに、専門機関による実験データを整備し、マイクロナノバブルの作用、効果を説明するパンフレット、販促ビデオを作成した。こうした新商品の特色、マイクロナノバブルの作用を周知させるための努力によってテレビ通販やホームセンター等の量販店でも取り扱われるようになり、更にテレビ番組でも取り上げられたことで売上が大きく伸びている。

海外への販売も視野に入れており、既にシンガポール等での販売実績もあるが、中小企業が単独で海外への販売を行っていくのには限界があるため、取り扱ってくれる商社、提携先等を探しているところである。

4．今後の展望、課題

最近では水量を4段階に調節でき、最大で70％の節水を行うことができる「アリアミストⅢ」や理容室、美容院向けの「ボリーナPRO」も発売し、多様なニーズに応えるラインアップの充実を図っており、今後の新製品開発に向けて要素技術の開発にも取り組んでいる。

また、会社の体制を整備し、組織力を高めていくことが、更に事業の拡大、発展を図っていくための大きな課題であると認識しており、人材の育成、採用も重視している。

新たな方向性としては、マイクロナノバブルの技術を使って医療や農業の分野にも展開していきたいと考えており、地元大学との産学連携も行っている。

事例6　武州工業 株式会社

設　立　1952年　　資本金　4、000万円
従業員　146名　　所在地　東京都青梅市
事業内容　自動車用金属加工部品加工、板金・プレス・樹脂加工、自動制御機械製作、医療機器部品製作

1．企業の沿革

当社は1952年の設立以来、金属パイプ曲げ加工、板金加工による自動車部品製造を主力事業として行ってきた。製品は自動車部品が殆どであったが、近年、医療機器部品の分野にも進出し、売上が大きく伸びている。

2．事業の特徴

自動車部品製造業では1日2交代（2直）または3交代（3直）で設備の稼働率を高めている企業が多いが、当社は1日1直8時間、月20日稼働の「8・20体制」を維持しつつ、登録アイテム1万2千種の中から毎月900種、90万本（1ロット1、000本）のパイプ加工を行っている。

当社は日本でのものづくりにこだわり、以下に述べる「道具を作る」、「人に任せる」、「人を

信頼する」という3つの理念に基づいて、国内生産でもLCC（Low cost Country）価格の実現を目指している。

①道具を作る―自社で生産設備を製作

オーバースペック、高価、大型の汎用機ではなく、必要な機能だけを備えたコンパクトな設備を自社で作ることにより、効率的な機械のレイアウト、省力化、設備投資負担の軽減が可能となる。

②人に任せる―多能工の育成

高度な加工技術であるアルミのロウ付けを入社時の研修の必修項目とする等、技能習得に向けた研修に力を入れている。また、当社で製作する機械は80％の完成度で作業者に渡され、作業者が自分の手先になるように機械を完成させていく。

③人を信頼する―一個流し生産と工程内品質保証

「一個流し生産」とは半円状に配置された自社開発の小型設備を使って1人の作業者が最大9つの加工工程を担当し、1つの部品製造の材料調達から加工、品質管理、出荷管理までを行う生産方式である。また工程内に不良品を「作らず」、「流さず」、「受け取らず」という「3Z保証」のシステムが採り入れられており、1人の作業者が製造兼品質保証責任者となって製品の全数品質保証がなされている。

3．新事業への取り組み

当社は2007年から医療機器部品の分野に取り組み、5年間の開発期間を経て2012年に腹腔鏡手術器具の先端部に使われるパイプ部品を製品化し、大手医療機器メーカーに納入している。部品は1回の手術毎に取り換えられる使い捨て（ディスポーザブル）であるため、機器の普及に伴って部品の出荷も大きく伸びており、現在、毎月6万本を生産している。

当社売上全体に占める医療機器部品の比率も拡大している。2011年3月期は全体の96％を自動車部品の売上が占めていたが、2014年3月期では医療機器部品の売上が全体の35％に達しており、2015年3月期には48％、来期は自動車部品を抜いて1位となる見込みである。

また、当社はパイプ曲げ技術を応用し、様々な形に曲げたパイプをジョイントパーツで繋ぎ合わせ、自由に3次元の造形ができる知育玩具「パイプグラム」をデザイナーと連携して開発。「パイプグラム」は既に東京ビジネスデザインアワード最優秀賞、グッドデザイン賞を受賞する等、高い評価を受けており、2014年10月から発売されている。

4．販路の開拓と社内体制

当社では社員の殆どは製造部門に配置されており、間接部門の人員は少ない。このため営業活動の殆どはインターネットの自社ホームページ上で行っている。医療機器部品についても当社のホームページを見た大手医療機器メーカーから照会があり、新規受注に結び付いたものである。受注した部品は医療機器としての精度に加え、毎月何万という単位での量産が求められるディスポーザブル部品である。当社は自動車部品製造で培った精密加工技術と量産能力を活かすことで、医療機器メーカーからの要請に応え、新しい分野へ参入することができた。多くても月に数百台程度である一般の医療機器については部品の加工を行う能力のある企業は数多くあるが、ディスポーザブル部品の量産に対応できる企業は殆どないため、現状では競合先もない状況である。

知育玩具「パイプグラム」については、出品した展示会でも注目を集め、多くの企業から引き合いがあったが、大手DIY店、百貨店（ギフトカタログにも掲載）、大手オンライン通販会社の3つのルートに絞って販売を行っている。

医療機器部品の受注増加に対応するため、当社は2014年に青梅市内に新工場（新町サテライト工場）を建設、新工場の1階で自動車部品、2階では医療機器部品を製造している。

新工場は環境への配慮に加え、大規模災害発生時の事業継続計画（BCP）も考慮されたものとなっている。工場の屋上に太陽光発電パネルを設置して100kwの発電を行う他、ガスコージェネレーション発電システムも導入し、緊急時のエネルギー供給リスクに対応している。工場地下には200tの雨水タンクを設置。日中は工場の冷房排熱をタンクに蓄えられた雨水に吸収させ、夜間に地中に放熱することで冷房排熱の大気中への排出を抑えている。また、雨水は濾過、オゾン殺菌により飲むことのできるレベルにまで浄水処理されており、通常は工場内の洗浄、トイレ用水として使われるが、災害発生時には１３００人の３日間分の飲料水として活用することができるようになっている。

人材育成にも力を入れている。当社では一個流し生産を行っており、各人のレベルアップが重要である。先に述べたようなＯＪＴによる技能の習得に加え、ＩＳＯ内部監査員の育成制度等の社内教育制度も充実させている。

5．今後の展望、課題

当社は自社開発の設備によるコスト競争力を活かして、今後も国内でのものづくりを行っていく方針である。

自動車部品については自動車の国内生産量の動向からみて、大きな伸びは期待できないものの、着実な推移が期待できる。医療機器に関してはディスポーザブル部品の売上が今後も増えていく予定である。昨年の秋から販売を開始した知育玩具「パイプグラム」についても今後の売上が伸びていくことを期待している。

第2章 老舗企業の知恵と生命力

わが国には、創業から100年以上を経過して事業を継続している老舗企業が2万社以上存在しており、諸外国と比べても高い水準となっているが、こうした老舗企業の9割以上は中小企業で占められている。このように、事業環境の変化、経営の危機を乗り越えて長期にわたって事業を継続させ、有形、無形の経営資源を蓄積している老舗企業の存在は経済活動の基盤維持と活性化、雇用確保の面からも極めて重要である。老舗企業の経営についてみると、伝統を重視しつつも環境変化へ適応するための絶えざる革新に向けた取り組みを継続してきたことが事業の存続と拡大につながっていると考えられる。

本章では、老舗企業を対象とした事例調査に基づいて、創業から長期にわたって事業継続を可能ならしめた要因を探り、中小企業が持続的な競争優位を確立していくために求められる経営のあり方について検討してみたい。

1 ファミリービジネスとしての老舗企業

(1) ファミリービジネスとは何か

近年、欧米では創業者一族によって所有や経営が行われている「ファミリービジネス」の経営手法への関心が急速に高まっている。日本では「同族経営」、「家族経営」はファミリーメンバー間の争いや企業不祥事と結びつけて語られることが多く、ファミリービジネスのマイナスの側面が注目されてきたが、欧米では以下にみるようにファミリー企業の高い利益率と資本効率、不況に対する強さ、雇用や地域社会への貢献といった面が評価されているのである。

日本では「ファミリービジネス」の定義は未だに明確にはなされていない。また、企業の経営と所有に関する基準は国によって異なるため、世界的に統一した基準も定められていない。日本の法人税法では上位3株主の持ち株比率が50%を超える企業を「同族会社」と定義しているが、一般的には出資比率が低くても、創業者ファミリーが経営に参画しているか、個人株主として相応の株式を有していればファミリービジネスとして扱われており(注1)、トヨタ自動車、サントリー、キッコーマン等もファミリービジネスとされている。

日本では企業数の約95%、雇用の70%以上をファミリービジネスが占めているといわれる(注2)。また、ファミリービジネスには老舗企業、長寿企業も多い。日本の業歴100年以上のファミリー企業数は3万社と推測されており、欧州(6、000社)、米国(800社)を大きく上回っているといわれる(注3)。

(2) 評価されるファミリービジネス

ファミリービジネスはその業績面においても一般企業より優れているという調査結果が出ている。米国企業を対象にした調査では、利益率(純利益率)、成長性(利益伸長率、売上高伸長率)、資本効率(株主資本利益率:ROE、総資産利益率:ROA)のいずれでもファミリー企業が非ファミリー企業に比べて高い値を示している(図表Ⅱ-2-1)。

また、同じ調査で2000年から2002年の不況期についてみると、ファミリー企業の利益伸長率は非ファミリー企業に比べて大きなマイナスの値を示している一方、雇用伸長率については非ファミリー企業(▲0・22%)とは対照的に3・43%のプラスとなっており、ファミリー企業は不況期には利益を犠牲にしても雇用を守るという傾向が示されている(図表Ⅱ-2-2)。日本についても、上場企業を対象とした同様の調査結果では、利益率、資本効率ともにファミリー企業の方が高くなっている(図表Ⅱ-2-3)。

次に中小企業も含めたより広い範囲の企業についてみると、経済産業省「企業活動基本調査」と中小企業庁「企業経営基本調査」のデータを用いてサンプル企業約5、000社を対象に行った実証分析では、オーナー経営企業(ファミリー企業)は非オーナー経営企業に比べて、生産性(労働生産性、TFP(全要素生産性))上昇率は年率2%程度低くなっているが、6年後の企業存続確率に関しては10%程度高いという結果が得られている。(注4) ファミリー企業は非ファミリー企

（図表Ⅱ－２－１）米国におけるファミリー企業と非ファミリー企業の業績比較

（%）

項　目	ファミリー企業	非ファミリー企業
純利益率	0.1	0.08
利益伸長率	49.39	36.24
売上高伸長率	14.02	9.35
ROE（株主資本利益率）	58.89	48.26
ROA（総資産利益率）	15.90	14.68

（資料）「日経ベンチャー」2007年４月号
（注１）Ｓ＆Ｐ500社から銀行と公益企業を除いた403社をファミリー企業と非ファミリー企業に分けて比較
（注２）売上高伸長率、利益伸長率は92～02年の10年間、ROEとROAは92～99年
（注３）ROE（株主資本利益率）＝当期利益／株主資本×100
ROA（総資産利益率）＝当期利益／総資産×100

（図表Ⅱ－２－２）米国におけるファミリー企業と非ファミリー企業の不況期（2000～2002年）における業績比較

（%）

項　目	ファミリー企業	非ファミリー企業
雇用伸長率	3.43	▲ 0.22
利益伸長率	▲ 27.36	▲ 3.84
売上高伸長率	4.58	1.88

（資料）図表Ⅱ－２－１に同じ
（注１）図表Ⅱ－２－１に同じ
（注２）00～02年の伸長率

（図表Ⅱ－２－３）日本におけるファミリー企業と非ファミリー企業の業績比較

（%）

項　目	ファミリー企業	非ファミリー企業
経常利益率	5.7	4.5
ROE（株主資本利益率）	1.9	0.2
ROA（総資産利益率）	1.6	1.0

（資料）図表Ⅱ－２－１に同じ
（注１）東証１部、２部上場企業における直近５期の経常利益率の平均
（注２）ROE（株主資本利益率）＝当期利益／株主資本×100
ROA（総資産利益率）＝当期利益／総資産×100

業に比べて、成長性ではやや劣るものの、存続性は高くなっており、成長よりも事業の継続を重視するという企業経営の傾向がうかがわれる。

(3) ファミリービジネスの経営課題

ファミリービジネスでは「所有」と「経営」という2つの要因に「創業者一族(ファミリー)」という第三の要因が加わっており、所有、経営とファミリーという3つの要因のバランスを取りながら経営することが求められる。如何にしてファミリーという要因をビジネスと均衡させていくかがファミリービジネスに特有の大きな課題である(**図表Ⅱ-2-4**)。

ファミリー企業では経営と所有が一致していることから、経営者と株主の利益相反は起きにくい。また、市場や株主の短期的な要請に左右されないため、迅速な意思決定や長期的な視点に立った経営が可能

(図表Ⅱ-2-4) ファミリービジネスのスリーサークル・モデル

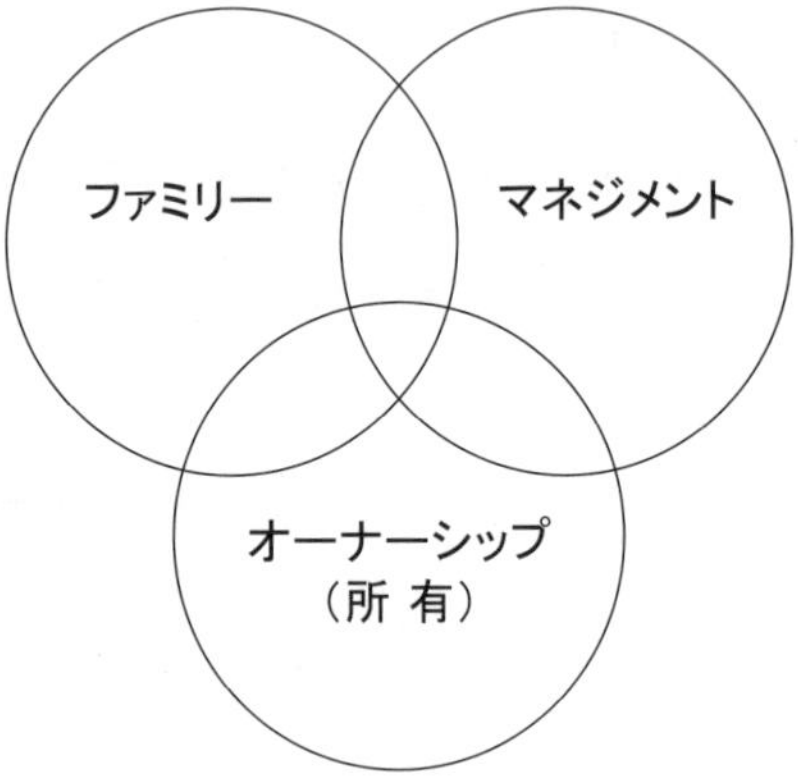

(資料) デニス・ケニョン・ルヴィネ、ジョン・L・ウォード『ファミリービジネス　永続の戦略』(2007)、p34に基づき作成

となるといった長所が指摘されている。

一方、ファミリービジネスはファミリーメンバー間の利益相反、オーナー経営者の独走、事業承継の失敗といったリスク要因も内包している。ファミリーの関与が円滑かつ有効に機能すれば、ファミリービジネスは優れたパフォーマンスを示すが、逆にファミリーの存在がうまく機能せず、事業との調整に失敗した場合には、そのパフォーマンスは大きく低下し、企業業績の悪化、不祥事の発生等も避けがたいものとなる。独自の経営哲学、リーダーシップ、固有の企業文化といった創業者ファミリーの支配下にあるがゆえの特徴はファミリービジネスの大きな弱点、失敗の要因ともなり得る。

このようなファミリーとビジネスの相克というジレンマを解決し、ファミリービジネスがその強みを発揮して事業を継続していくためには、ファミリーが持つべき使命感、価値観、行動規範等が明確に示され、ファミリーメンバー、従業員等によって使命感、価値観等が共有されていることが必要である。ミラーは長期に成功しているファミリービジネスにはその原動力となる特徴的な「4つのC」が存在しているとしている[注5]（図表Ⅱ-2-5）。

後でみるように、老舗企業においては家訓、社是、経営理念の形でこれらの項目が掲げられ、社内で共有され、継承されている場合が多いのである。

(4) ファミリービジネスの特性と老舗企業

ファミリービジネスでは先にみたように創業者ファミリーという要素が加わっている。創業の精神を大切にし、次の世代へ事業を継承していくことが重視され、短期の業績にとらわれず、中長期的なスパンでみた業績の拡大、持続的な成長が追求されている。長期的な視点から企業の利益を追求する上では、顧客、取引先、従業員、地域住民といったステークホルダーと長期的、永続的な信頼関係を築くことも重要である。

ファミリービジネスには固有の企業文化を持つ企業も多い。こうした企業文化は創業の精神、経営理念に基づく価値観、目的意識が企業内に浸透し、共有されることで醸成され、模倣が困難な競争力の源泉となるものである。

ファミリー企業の特性は長所、プラス面だけではない。事業承継における後継者選び、ファミリー内の紛争、縁故主義による人事の不平等、ガバナンスの欠如、企業の

(図表Ⅱ－２－５)成功しているファミリービジネスにおける「４つのＣ」

Continuity(継続性): 夢(ミッション)の追求	永続的かつ本質的なミッションを追求し、それを実現するための健全で息の長い会社づくりを図る(コアコンピタンスのあくなき追求と組織の健全な存続)
Community(コミュニティ): 「社族」を束ねる(従業員コミュニティの構築)	強いコミットメントとモチベーションを持つ人員によって、結束といたわりの組織文化を育む(明確な価値観と目的意識を示し、組織全体に浸透させる)
Connection(コネクション): 良き隣人、良きパートナーであること	会社を長期的に支える永続的な「ウィン＝ウィン」関係を外部の関係先と結ぶ(従業員のみならず、ビジネスのパートナー、顧客、社会一般とも永続的な互換関係を結ぶ)
Command(コマンド＝指揮権): 自由な行動と適応	状況に即して勇気ある決断を下す自由と、俊敏な組織を保つための自由を維持すること(独立性に基づく自由で迅速な意思決定とたゆまぬ刷新)

(資料) ダニー・ミラー、イザベル・ル・ブレトン＝ミラー（斉藤裕一訳）『同族経営はなぜ強いのか？』ランダムハウス講談社（2005年） p55－89に基づき作成

私物化、公私混同といったファミリービジネスゆえの課題、リスクも同時に存在している（図表Ⅱ－2－6）。

先に述べたように、企業数でみれば日本の企業の約95％はファミリービジネスである。当然のことながら、これらの企業の全てがファミリービジネスの長所、プラス面を活かして優れた経営パフォーマンスを示している訳ではなく、ファミリービジネスのマイナス面弊害が表れている企業も多いかと思われる。

しかし、次節でみるように、長期にわたって事業を継続し、着実な経営を行っている老舗企業の実態と各企業を老舗企業ならしめた要因について検討してみると、そうした特徴、要因の多くはファミリービジネスの持つ特性、長所に由来していることがみて取れる。老舗企業の研究において、ファミリービジネスという視点を持つことによって、より深い理解が可能となると思われる。老舗企業は成功しているファミリー企業という側面を強く持っている。長い業歴を持つ老舗企業はファミリービジネスゆえの課題やリスクを克服し、ファミ

（図表Ⅱ－2－6）ファミリービジネスの特性

長所・プラス面	短所・課題・リスク
①長期的視点に立った経営	①事業承継（後継者選び、資金対策）
②長期業績と持続的成長の重視	②ファミリー内の紛争
③継続性の重視	③人事の不平等
④ステークホルダーとの長期的関係の重視	④ガバナンスの欠如
⑤固有の企業文化	⑤硬直的、排他的な企業風土
⑥企業理念・目的の共有と承継を重視	⑥企業の私物化、公私混同
⑦雇用維持と人的投資の重視	⑦コンプライアンスの欠如
⑧ブランド、信用の重視	⑧伝統、既存事業への過度の依存
⑨迅速な意思決定	

（資料）各種資料に基づき作成

リービジネスの長所を十分に発揮し、プラス面を採り入れることで事業環境の変化、経営の危機を乗り越えて長期にわたって事業を継続させ、有形、無形の経営資源を蓄積しているといえよう。

2 老舗企業にみる経営の特徴

本節では創業以来100年以上を経過し、資本金1億円未満の企業7社への事例調査に基づいて、事例企業が老舗企業となり得た要因を探り、中小企業が経営環境の変化に対応して生き残りを図り、長期にわたって事業を継続していくために求められる経営のあり方について検討する。

(1) 事業の継続と伝統の重視

事例企業はいずれも本業にこだわり、事業を継続している。セラリカ野田(事例1)は1832年の創業以来、一貫して天然ロウの精製と天然ロウ製品の販売を行っている。1560年に鋳物業を創業したナベヤ(事例3)は450年以上にわたって鋳物関連事業を継続しており、1805年創業、業歴200年以上の近江屋ロープ(事例5)も創業以来、綱、ロープとその周辺分野で事業を展開している。

明治時代以降に創業した企業についてみると、1896年に岐阜県関市で創業した福田刃物工業(事例4)では創業者が逸早くポケットナイフの製造から紙断裁包丁製造に転換、以後は一貫して工業用機械刃物を製造している。１９１２年創業のヒラカワ（事例６）も１９２２年にボイラーの製造を開始、以来90年以上にわたってボイラー専業メーカーとしての実績を重ねている。印傳屋上原勇七（事例２）、大七酒造（事例７）は事業内容、分野だけでなく、伝統の製法を守り続けている事例である。印傳屋上原勇七（１５８２年創業）は江戸時代からの伝統的製法を守って甲州印傳製品の製造販売を行っており、大七酒造（１７５２年創業）は伝統的な酒造りにこだわり、現在では希少となった正統的な醸造法である「生酛《きもと》造り」によって全製品を生産している。

(2) 長期的視点に立った経営

事例企業はいずれも、次世代へより良い形で事業を継承していくため、長期的視点に立って、健全経営、人材の育成、新製品開発、新市場の開拓等に努めている。

長期的視点に立った事業経営は競争優位の源泉ともなっている。セラリカ野田（事例１）では工業用原料としての天然ロウに要求される供給量と品質の安定を実現するため、原料となる植物、昆虫の開発から取り組んでいるが、こうした取り組みには長期的な視点に立った事業の計画と運営が要求されるため、大企業等の参入は困難である。

短期的な利益、売上の拡大に捉われることなく、量より質を重視し、ブランドを大切に育てていく方針の企業もある。印傳屋上原勇七（事例２）では伝統の技法を受け継ぐ人材の育成、技能の承継に力を入れるとともに、ブランドを大切にし、安売り、値引き販売を行わず、価格競争を避けている。ヒラカワ（事例6）では売上高や製品シェアの拡大にこだわらず、その中身にこだわって、顧客のニーズに応える製品、サービスを提供することを重視している。大七酒造（事例7）も生酛造りにこだわることで付加価値を高め、量より質の経営を行っている。

事業の拡大よりも継続を重視する経営方針は堅実経営に結びつく。ナベヤ（事例3）や大七酒造（事例7）は堅実経営を説く家訓が引き継がれており、代々、堅実経営を実践してきた福田刃物工業（事例4）では無借金経営を実現している。

長期の経営計画を策定している事例もある。ヒラカワ（事例6）では数年前に経営計画を3年毎の中期計画から20年の長期計画に変更し、長期経営計画に基づいて、設備投資、人材の運用・育成、技能承継と製品の世代交代を推進している。

(3) 明確な経営理念とその伝承

事例企業はいずれも堅実経営、社会貢献、顧客や社員との信頼重視といった経営理念を持っており、その共有と継承に力を入れている。経営理念は必ずしも家訓、社是として文書の形で残されてはいないが、親から子への口伝、後継者教育等で伝えられている。また、日々の生活、行動を通じて着実に理念の継承が行われている事例が多い。セラリカ野田（事例1）では社長は祖父や父の働く姿を見て育つ中で、目先の利益を追い求めず、事業を通じて社会に貢献するという「利他の精神」を自然に受け継いでいる。印傳屋上原勇七（事例2）でも、社長は本店、工場に接した家で親の働き、職人の仕事を見て育つ中で、自然に事業に対する考え方を学び、後継者としての意識も持つようになったという。ナベヤ（事例3）では「本業以外の遊興の事業に手を出してはならない」、「政治に関わってはならない」、「番頭を大切にせよ」の3つの家訓が代々口伝の形で伝えられている。

福田刃物工業（事例4）、近江屋ロープ（事例5）、ヒラカワ（事例6）、大七酒造（事例7）でも先代社長（父）達の生き方、経営の姿勢を見て育つ中で、経営理念を自然に学んでいる。

こうした経営理念は各企業の社内でも共有されているが、印傳屋上原勇七（事例2）やヒラカワ（事例6）のように、代々伝えられてきた経営理念を明確にして、改めて社是として定め、徹底を図っている事例もみられる。

(4) 信頼の重視

老舗企業には顧客、取引先、従業員との長期的関係、信頼関係を重視している企業が多い。印傳屋上原勇七（事例2）では「人間尊重の事業経営」という経営理念を定め、社員、仕入先、販売先を大切にしており、なかでも社員との信頼関係を重視している。「信頼される会社」「信頼される人間」「信頼される製品」の3つの信頼を社是としているヒラカワ（事例6）では、製品・システムの開発、顧客対応等、すべての場面において顧客からの信頼を第一に考えている。

近江屋ロープ（事例5）でもお客様第一、取引先との絆を大切にするという経営理念が継承されてきた。また、獣害防止ネットシステムの開発・販売という従来の卸売とは全く異なる分野への展開に際しては、社長がベテラン社員と腹を割って話し合い、社員の幸せを第一に考え、暖簾を捨てる覚悟で新製品の開発と市場開拓に取り組む決意を伝えることで社員との信頼関係を確立し、社内の風土を大きく変えることで、第二の創業を達成している。

(5) 人材の重視、育成

事例企業は長期的な視点から、人材の育成に力を入れている。印傳屋上原勇七（事例2）は伝統の技法を受け継ぐ職人を大切にし、時間をかけて職人の養成と技能承継を行っている。「番頭を大切にせよ」という家訓を継承しているナベヤ（事例3）では、グループ各社に番頭格の役員を置いて権限を移譲し、同族経営が陥りがちな人事上の不公平、ファミリーによるポストの独占を防いでいる。従業員全員が正社員である福田刃物工業（事例4）では、社員の自主性を重視し、売上や生産のノルマや目標を定めず、仕事の進め方については全てを社員に任せている。ヒラカワ（事例6）では先にも述べたように長期的な視点に立った人材育成を中心とした期間20年の長期経営計画を策定している。大七酒造（事例7）では伝統の醸造技術を着実に承継していくため、酒造りに従事する蔵人を季節労働から地元採用常勤社員への転換を進めている。

後継者の育成に関しては、親からは明確に後を継げとは言われなかったというケースもあるが、祖父、祖母等からの教えや先代経営者（親）の事業に対する姿勢に触れて育つ中で自然に後継者としての意識を持ったという事例が多くなっている。また、親子間の愛情、信頼関係の存在、良好な親子関係が円滑な事業継承の要因となっているという指摘もなされている。

(6) コア・コンピタンスの追求と絶えざる革新

事業を長期にわたって継続していくには、絶えざる環境変化への対応と改革、革新の取り組みが必要である。老舗企業は本業にこだわり、伝統の技術を守る一方で、先見性を持ち、変化する市場、顧客ニーズへの積極的な適応と革新を行うことで事業の存続と拡大を図っている。

天然ロウの精製とロウ製品の販売を行うセラリカ野田（事例１）は情報記録材という天然ロウの新しい用途を開拓している。甲州印傳の伝統製法を守っている印傳屋上原勇七（事例２）では、一子相伝とされた秘伝の製法を職人（社員）にも公開することで技術の向上と量産への対応を可能にした他、製品販路の拡充、直営店の出店、新製品の開発、ＰＯＳシステムの導入等の改革に取り組み、事業の着実な発展に結びつけている。

４５０年以上の業歴を有するナベヤ（事例３）では「堅実経営」、「時流適応」の経営理念の下、鋳物を中心とした事業を継続する一方、時代の変化に応じて製品と業態を変化させてきた。「他社と同じものを作らない」という方針に基づいて顧客ニーズに対応した独自の製品を持っており、製造技術に関しても、テクノロジー（ハイテク技術、デジタルエンジニアリングの活用）とクラフトマンシップ（技能の伝承と向上）を融合させた総合技術力「テクノクラフト」を掲げて、最新の技術を採り入れたモノづくりを推進している。

紙断裁包丁を主力製品として成長してきた福田刃物工業（事例4）でも、環境変化に対応して多様な用途の工業用機械刃物に展開しており、受注活動についても、営業活動を行わず、電話、FAX等で注文を受ける形態から、営業担当者が直接、全国の顧客を訪問してニーズを聞き出し、提案営業を行う形へと大きく変わっている。

綱やロープの製造販売から産業資材、農林機械、造園資材、省力機械の卸売、天井走行クレーンの設置工事業へと展開してきた近江屋ロープ（事例5）は、バブル崩壊後の公共事業の減少、ホームセンターの出現、輸入商品との競合、大手商社による直販等、長年構築してきた卸販売のシステムが機能しなくなるという環境変化に直面し、大きな経営危機を迎えたが、獣害防止ネットシステムの開発・販売という新たな事業に展開することによって経営危機を脱している。

ボイラー専業メーカーであるヒラカワ（事例6）は、ボイラーの国内市場が成熟化に向かう中で、顧客の個別ニーズに対応した製品を開発提供するとともに、ボイラーのメンテナンスや稼働状況を診断して最適な省エネシステムを提案するサービス等を行うソリューション型メーカーを目指している。大七酒造（事例7）でも、伝統の生酛造りにこだわる一方で超扁平精米技術の独自開発、日本で初の無酸素充填システムの導入、海外市場の開拓等の革新にも積極的に取り組んでいる。

老舗企業はファミリービジネスゆえの課題やリスクを克服してその長所を十分に発揮し、プラス面を採り入れることで長期にわたる事業の継続と良好な経営パフォーマンスを実現しているといえよう。

3 ヒアリング事例

事例1　株式会社　セラリカNODA

設　立　1956年（創業：1832年）　資本金　4、000万円
従業員　20名　所在地　神奈川県愛甲郡愛川町
事業内容　天然ロウ精製、ロウ製品販売
主力製品　情報記録材（トナー）、化粧品原材料、食品原材料等

1．創業以来の業歴

1832年（天保3年）、藩政建て直しを図る有馬藩に木ロウを納入するため野田家8代目当主である野田常太郎が現在の福岡県八女市において野田製蝋を創業したのが当社の始まりである。以来、180年以上にわたって天然ロウの精製とロウ製品の販売を行っており、現社長の野田泰三氏は12代目の当主にあたる。

1956年に本社を東京に移し、㈱野田ワックスを設立。1970年、本社工場を神奈川県愛甲郡愛川町の内陸工業団地に移転、1995年には㈱セラリカNODAに社名を変更している。

2．事業環境の変化とその対応

ハゼの木から採れる木ロウは江戸時代にはロウソクや鬢付油の材料として使われていた。明治、大正時代になると男性整髪料はポマード、チックへと変わるが、これらも主原料は木ロウであったので野田製蝋は安定した経営を続けた。しかし、1960年代に入ると、ヘアトニック、ヘアリキッドといった液体整髪料が男性用整髪料の主流となり、原材料にも安価な石油系ワックスが使われるようになったことにより、当社の経営は大きな転機を迎えた。

11代目にあたる先々代社長（父）は、九州から首都圏への進出、蜜ロウや米糠ロウ等も扱う天然ロウの総合メーカー化、ロウの脱臭技術を応用した食品や香料の分野への進出等により事業の建て直しを図るが、1975年に道半ばで急逝。現社長の母（先代）が社長を引き継ぎ、大学で情報科学を学んでいた現社長も当社に入社して経営の再建に取り組むことになった（1988年に社長就任）。

情報産業の将来性を確信していた現社長は、情報分野で天然ロウの新しい用途を開拓できないかと考え、大手複写機メーカーに飛び込み営業を行った。そうした中で天然ロウの持つ溶けやすく、すぐ固まるという特性が評価され、複写機のトナーの添加剤として採用されることになった。現在、天然ロウの用途は熱転写インクリボン、感熱紙印字材、ＣＤの記録保持能力を高める添加材等にも広がっており、情報記録材は当社の主力分野の一つとなっている。

２０００年には１００％天然植物成分で作られたシックハウス症候群対応の室内用ワックスも開発。医薬品や食品のコーティング、高級化粧品の原料としての天然ロウの需要も順調に伸びている。

このように、当社は一貫して天然ロウを使ったビジネスを継続しており、１９６０～70年代の高度成長期にも石油系ワックスに切り替えることはなかった。現社長には売上や規模の拡大だけを考えるのではなく、天然ロウという自社の製品にこだわり、その長所を引き出し、良いものを作っていこうという強い思いがあり、天然ロウの生産を支えている社員、取引先に対する責任を果たすことを重視したのである。

一方、成長が期待できる情報分野への展開を図って成功したように、企業の生き残りのためには、時代の変化に対応した商品開発、新市場の開拓といった革新に取り組むことも必要であった。当社は天然ロウを使った新たな製品・用途の開発に力を入れるとともに顧客企業の目指している方向性に即した提案営業を重視している。

ズが高まっている。

3. 事業の内容、特徴

天然ロウはその優れた機能性が評価されて情報記録の分野でも使われており、ハイテク原料となり得ることが証明されている。また、健康重視、環境配慮等の視点から天然素材へのニーズが高まっている。

工業用原料としての天然ロウには供給量と品質の安定が求められるが、その実現には原料となる植物、昆虫の開発から取り組む必要があり、長期的な視点に立った事業の計画と運営が要求され、大企業等の参入が困難な分野となっている。当社では品質の安定、新たな用途の開発のために、研究開発にも力を入れており、大学や研究機関との産学官連携も行っている。

当社は世界各地から天然ロウを輸入するだけでなく、天然ロウの生産を通じて発展途上国の産業振興と環境保護の両立を図るという「セラリカ構想」を掲げて事業を展開しており、天然ロウの原料開発から関与し、産地での技術指導、植林活動も行っている。中国では国家林業局との共同プロジェクトとして福建省等の山間部でハゼの木の植林を行った他、害虫とされていたカイガラムシの分泌物から雪ロウを生産するための研究開発（特定の樹だけに付く種を育てることで他の樹木に被害を及ぼさずに収穫することを可能にした）やカイガラムシが好むモチの木の雲南省、四川省等への大規模な植林を中国林業科学研究院と共同で行っている。この他にもキューバ（砂糖キビロウ）、ブラジル（カルナウバロウ）、メキシコ（キャンデリアロウ）等において原料開発プロジェクトを実施している。

4. 経営理念の伝承

野田家に伝えられている家訓の中に「人は常にはだかで人の為め働くべし。人を助くれば我が身も助かる。私欲を起せば家を破壊する。」、「事業については原料を高く買い製品を良く造り安く売ると云う気持ちで進むべし。」というものがある。先々代社長（父）はこうした家訓を踏まえて、「一、異体同心―多くの人間が心を一つにして、同じ目標を持って仕事に取り組む。一、自行化他―自分たちの日々の行いによって、周りの環境を変えていく。一、利他為本―関わるすべての人たちと社会が豊かになるような仕事をする。」という社是を定めている。祖父や父の働く姿を見て育った現社長は、目先の利益を追い求めない利他の精神、事業を通じての社会貢献という経営理念を自然な形で受け継いでいる。

5. 将来に向けての経営方針と課題

地球環境の保護、製品の安全志向等の気運の高まりを背景に、持続可能な天然・生物資源活用の重要性は一層高まっていくと予想され、当社は今後も天然ロウを使ったビジネスを継続していく方針である。新しい天然ロウ原料の開発にも力を入れるとともに、天然ロウの長所を引き出し、より安全・より高機能・よりアート（美しい）製品を開発していくことが重要になると考えている。

事例2　株式会社　印傳屋上原勇七

設　立　１９５３年（創業：１５８２年）　資本金　４、０００万円
従業員　89名　所在地　山梨県甲府市
事業内容　甲州印傳革製品製造販売
主力製品　ハンドバッグ、財布、名刺入、小銭入、ベルト等

1．創業以来の業歴

印傳とは鹿革に模様を付けた工芸品である。奈良時代に仏教とともに伝わったといわれ、千年以上の歴史を持っている。印傳は甲冑等の武具にも使われ、戦国時代には武将たちの雄姿を飾ったが、江戸時代に入ると巾着、煙草入れ、信玄袋、革羽織といった粋と実用性を兼ね備えた製品が甲州で作られるようになり、「甲州印傳」として庶民に愛好された。

江戸時代に遠祖上原勇七が鹿革に漆付けする独自の技法を創案したのが甲州印傳の始まりとされ、唯一、江戸時代から現在まで印傳の製造を続けている当社の歴史は甲州印傳の歴史そのものとなっている。なお、代々の当主は上原勇七を襲名しており、現代表取締役会長の上原勇七氏は13代目に当たる。

当社は現在も伝統の製造方法を守り、巾着、合切袋から、印鑑入れ、名刺入れ、パス入れ、財布、ハンドバッグ、ボストンバッグといった小物・袋物類を製造し、甲府本店、東京青山店、

大阪心斎橋店、名古屋御園店の直営4店舗と全国のデパート、専門店で販売している。

2．事業環境の変化への対応

当社は創業以来一貫して甲州印傳の製造と販売を行ってきた。当社の印傳製品の全ては、染色した鹿革に型紙を重ね、へらで漆を摺り込んで模様を付ける「漆付け」、タイコと呼ばれる木の筒に鹿革を張って、藁や松脂を使って燻し、色を付ける「ふすべ」、一色ごとに型紙を変えて色を重ねていく「更紗」という3つの伝統の技法を用いて作られている。

これらの技法は門外不出の秘伝として、代々の当主だけに口伝で受け継がれるという一子相伝の形で伝えられてきたが、1955年に13代勇七を襲名した現会長は印傳の普及、発展のために従来の方針を変更して職人（社員）にも技法を公開することを決意。職人と技術を共有することによって技術の向上と量産への対応が図られ、顧客の要望を反映した製品の開発も可能となった。

現会長は製造部門の改革と並行して、製品販路の拡充と新商品の開発にも取り組んだ。当社は全国のデパートに販売網を広げ、1981年に東京青山に直営店を出店するとともに、1983年には新たな顧客層のニーズに対応すべく、伝統の技法を駆使しつつ、従来の和装小物とは一線を画し、洋装に合わせたオリジナルデザインのブランド「Carray（キャレー）」を発売。以後、毎年新作ブランドを発表し、新たな市場の開拓に努めている。

また、当社は直営店にPOSシステムを導入して在庫管理の効率化、売れ筋動向の把握に活用している他、自社のホームページを通じて海外展開を視野に入れた情報発信も行っており、こうした取り組みが評価され、2012年には中小企業IT経営力大賞優秀賞を受賞している。

3．事業の内容、特徴

当社は印傳の伝統の技法を更に掘り下げて、レベルアップし、新しいデザイン・商品の開発にも力を入れている。新製品の開発は社長が責任者となって取り組んでおり、先にも述べたように毎年新作を発表している。商品開発には市場のニーズを的確につかむことが重要であるが、当社は早くから直営店舗（本店）を持つことで、需要動向を直接把握し、小売りのノウハウも得ていた。現在、国内4ヵ所の直営店には当社の全商品が置かれており、顧客のニーズ、売れ筋情報の把握に重要な役割を果たしている。

顧客の要望があれば購入後何年経っても修理に応じている一方、安売り、値引き販売は行わず、印傳屋のブランドを大切にし、育てていく方針を貫いている。

4．経営理念とその伝承

当社は「人間尊重の事業経営」という経営理念を掲げ、社員、仕入先、販売先を大切にしているが、特に重視しているのは社員との信頼関係である。印傳は伝統的な技法を用いた製品であり、機械による量産ではなく、人の手によるところが大きい。また、伝統の技法は簡単に覚えられるものではなく、職人の養成、技能の承継には長い時間がかかる。職人、社員を大切にする社風、伝統が醸成されたのは当然である。現会長が行った製法の公開という改革も従業員との信頼関係があったから可能となったといえよう。

14代目となる上原重樹社長は、親から家業を継げと言われた記憶はないが、祖母からは「お前は印傳屋の跡継ぎだ。」とよく言われた。本店、工場に接した家で親の働き、職人の仕事を見て育つ中で、自然に事業に対する考え方を学び、後継者としての意識も持つようになったという。後継者を育て、事業承継を確実に行っていく上でも、親の働く姿を見せ、息子が後を継ぎたいと思うような魅力ある会社にしていくことが重要であると考えている。

当社は地元への貢献にも力を入れており、地元山梨で行われる各種の文化・スポーツ事業への協賛、支援を積極的に行っている。また、甲州印傳の歴史と技術を後世に伝えるために1999年には本店2階に印傳博物館を開設。江戸時代以降の印傳製品、道具、資料を収蔵、展示している。

5. 将来に向けての経営方針と課題

当社は今後も消費者に喜んでもらえる製品を提供するというメーカーの基本に則ってモノづくりを行っていく方針である。新製品の開発にも引き続き努力していく。新製品開発には手間もコストもかかるが、常に新製品を出していかなければ企業の発展はあり得ないと考えている。直営店の出店は投資額が大きいが、消費者のニーズを直接把握し、主体性のある商売を行っていく上で直営店の果たす役割は大きいと考えており、現在4店舗ある直営店についても少しずつ増やしていく方針である。

海外市場の開拓も行っていく方針であり、2011年から「INDEN NEW YORK」という海外市場向けのブランドを立ち上げて米国の展示会にも出展しているところである。

事例3 株式会社 ナベヤ

設　立　1947年（創業：1560年）　資本金　9、800万円
従業員　160名　所在地　岐阜県岐阜市
事業内容　機械部品製造
主力製品　精密治具、精密マシンバイス、メカニカルパーツ、除振・防振エレメント、鋳造部品等

1．創業以来の業歴と現在の事業内容

1560年（永禄3年）、宗家岡本伊右衛門から分家した初代岡本太郎右衛門が岐阜の地で鋳物業を始めたのが当社の起源であり、現在の代表取締役会長岡本太右衛門氏は15代目、代表

取締役社長岡本知彦氏は16代目にあたる。江戸時代には朝廷から免状を授かり御所に灯篭を献上する「御鋳物師」として、梵鐘や鍋、釜を作ってきた。明治時代以降も鍋、釜を中心に鋳物関連の事業を継続しており、現在では上下水道・ガス用異形管、マンホール等の公共設備向け鋳造製品を主力とする㈱岡本、精密マシンバイス（万力）、治工具等を製造する㈱ナベヤの2社を中核企業とし、精密機械加工の㈱ナベヤ精機、住宅設備機器販売の㈱サンアイ岡本等の関連会社を持つ企業グループを構成。この他に独立した分家の会社として鍋屋バイテック㈱（機械要素部品製造）、㈱岡本工機（キャスター製造）がある。

2. 事業環境の変化への対応と事業の内容、特徴

当社とそのグループ企業は一貫して鋳物を中心としたモノづくりを行っているが、時代の変化に応じてその製品と業態を変化させてきた。また、鋳造業には下請受注的な業態の企業が多いが、「他社と同じものを作らない」というポリシーに基づいて、独自の自社製品を持っていることが特徴である。

㈱岡本は上下水道やガス本管用の異形管、マンホール、景観材料、ガス灯、金型部品等の分野で大企業と競合しない多品種少量生産の製品を生産。㈱ナベヤは戦後には万力（バイス）の製造を行い、米国に大量に輸出していた時期もあったが、現在は国内需要中心に精密加工治具、精密マシンバイス、除振・防振エレメント等を生産する傍ら、創業以来作り続けている梵鐘の

製作も行っている。

両社とも開発、設計から素材（鋳造）、加工、組立、検査までの一貫生産を行い、自社の販売ルートを持つことで、時代の変化を捉え、顧客のニーズに対応した製品を作ることが可能となっている。製造技術に関しては、テクノロジー（ハイテク技術、デジタルエンジニアリングの活用）とクラフトマンシップ（技能の伝承と向上）を融合させた総合技術力「テクノクラフト」を標榜し、技術、ノウハウの蓄積を活かしつつ、最新の技術を採り入れたモノづくりを推進している。

3．経営理念とその伝承
当主岡本家には文書の形で残されている家訓はないが、口伝という形で代々伝えられていることがある。それは「本業以外の遊興の事業（飲食や娯楽関連）に手を出してはならない」、「政治に関わってはならない」、「番頭を大切にせよ（番頭制）」の3つである。1、2点目は本業重視、堅実経営を説いたものであろう。3点目については、グループ各社に番頭格の役員を置いて権限を移譲しており、次の番頭を育てるのも番頭の仕事とされている。岡本家では経営に関与するのは会長、社長のみであり、他は全て生え抜きの人材で占められている。また、親族内で事業意欲のある者が出てきた場合は、鍋屋バイテック、岡本工機のように分家として独立させている。

こうした堅実経営の伝統に加え、先に述べたような環境変化に積極的に対応する経営方針も代々引き継がれており、「時流適応」は「堅実経営」と並ぶ当社の重要な経営理念となっている。

地域への貢献という面では岡本太右衛門会長は岐阜県交響楽団の理事長を務めており、当社グラウンドの一角に同楽団の専用練習場を整備して提供する等の支援を行っている。

4．将来に向けての経営方針と課題

当社は今後も「堅実経営」と「時流適応」という経営理念を堅持し、鋳物、金属製品を中心に事業を展開していく方針である。新製品、新技術の開発が重要であるが、ナベヤの主力製品である治具についてみると、工作機械が高精度、高能率となる中で治具にもより高い精度、機能が求められている。こうしたニーズに対応し、開発、設計の段階での高付加価値化、差別化を図り、効率化、精度向上を実現する製品を提供していきたいと考えている。

事例4　福田刃物工業 株式会社

設　立　1949年（創業：1896年）　資本金　3、000万円
従業員　69名　所在地　岐阜県関市
事業内容　工業用機械刃物、工業用機械部品、治工具製造販売
主力製品　紙・段ボール加工用刃物、リサイクル粉砕用刃物、ゴム・樹脂加工用刃物、鉄鋼加工用刃物、食品加工用刃物、その他刃物、機械部品・治工具

1．創業以来の業歴と現在の事業内容

1896年（明治29年）岐阜県関市において、刃物職人であった福田吉蔵が独立してポケットナイフの生産を開始。当時の関産地はポケットナイフ製造の全盛期であったが、初代吉蔵はまだ海外製品しかなかった紙断裁包丁に注目し、見よう見まねで試作を重ねて1921年（大正10年）に日本で初めて製品化することに成功。工業用機械刃物の専業メーカーとしての発展の基礎を築いた。1949年に福田刃物工業㈱を設立。以後も断裁包丁を主力製品として順調に成長を続け、1980年代からは特殊機械刃物、工作機械、産業機械向けの機械部品加工等の分野にも進出している。

当社製品の工業用機械刃物はその用途（切る素材、切り方等）によって多様を極め、顧客数700社以上、アイテム数は8、000以上、発注は数枚から数十枚単位という典型的な多品

種少量生産となっており、全て受注生産である。また、当社では全製品について焼き入れ、ろう付け、刃付け・研削、切削加工まで社内での一貫生産を行っている。

２．事業環境の変化への対応

創業者福田吉蔵が逸早く工業用機械刃物の分野に進出して以来、当社は一貫して工業用機械刃物を製造している。１９７０年代までは製品の殆どが紙断裁包丁であったが、市場の変化に対応して食品加工用、鉄鋼加工用、ゴム・樹脂加工用といった多様な用途の特殊刃物や各種機械部品の製造にも進出し、近年はＰＥＴボトルを始めとする廃棄物のリサイクル粉砕用刃物の受注が大きく伸びている。

受注に関しても、以前は営業活動を行わずに電話、ＦＡＸ等で注文を受けていたが、20年ほど前からは当社の営業担当者が直接、全国の顧客を訪問してニーズを聞く形に変わっている。

３．事業の特色、強み

関の刃物産地では工程毎の分業が一般的であり、当社のように一貫生産を行う企業は少ない。当社が大正時代に断裁包丁の生産を始めた当時、断裁包丁のような大きな刃物については熱処理等の加工を引き受けてくれる所がなかったため、独自に技術を習得し、全工程を自社で行うしかなかったのである。

当社製品の用途、形状、機能は多岐に亘っており、生産ロットは数枚から数十枚という典型的な多品種少量生産であり、大企業と競合する市場ではない。また、当社は顧客企業のニーズに的確に対応することで価格競争を回避している。受注生産であるが、製品には全て当社のマーク「GAKUTAI（楽隊）」を付けている。

効率的な多品種少量生産を行い、顧客の多様なニーズに柔軟に対応して、新たな市場を開拓していく上では一貫生産が有利である。また、素材から製品までの一貫生産を通じて多様な技術の蓄積と社員の多能工化が可能となり、収益率向上にも結び付いている。

当社は毎年新卒採用を行っており、当面、社員100人体制を目標としている。技能承継、人材の育成も計画的に行っており、技能士の資格取得も奨励している。

4．経営理念とその伝承

当社には特に家訓、社訓といったものは伝わっていないが、代々の経営者は堅実な企業経営を旨としてきた。また、先々代、先代の時代から、当社は自由でのびのびとした社風を持ち、社員の自主性、判断を尊重し、権限委譲を進めて、何事も社員に任せるという伝統があったという。5代目となる現社長もこうした伝統を受け継いで、堅実経営を推進しており、2013年12月期は無借金経営を実現している。また、従業員全員を正社員とし、売上や生産のノルマ、目標を設けず、仕事の進め方については全て社員に任せている。

5．将来に向けての経営方針と課題

当社製品の販売先は100％国内企業であるが、国内市場における販売シェアはまだ数パーセント程度で、ニーズを発掘して売上を伸ばしていく余地はまだ十分にあると考えている。

今後も受注生産を主体にして行く方針であるが、社内横断的な開発チームを作って、社員のアイディアに基づいたオリジナル製品の開発にも取り組んでおり、現在、5つの開発プロジェクトが進行中である。

事例5　近江屋ロープ 株式会社

設　立　1960年（創業：1805年）　資本金　3、800万円

従業員　30名　所在地　京都市下京区

事業内容　ワイヤロープ・繊維ロープ・安全保安用品の販売、天井走行クレーン等の機械器具設置工事、獣害防止ネットシステムの開発、農林機械・造園資材の販売

1．創業以来の業歴と現在の事業内容

1805年（文化2年）、初代近江屋藤助が近江の国堅田から京に上り、麻縄、麻布、麻糸、綿布の販売を始めたのが当社の創業とされる。2代目以降は麻綱、綿綱の製造販売を専門に行

うようになり、京都清水寺等に納める鐘の緒も製作している。

当社は明治以降も麻ロープ、綿ロープの製造販売を手がけてきたが、第二次大戦後は製造から撤退して卸売専門となり、ワイヤロープ等の産業資材の分野にも展開。1955年頃より林業で集材に使われる索道資材（ワイヤロープ、集材機）の取り扱いを始め、チェーンソー、草刈機等の林業機械の販売にも進出した。産業資材の分野ではウィンチ、チェーンブロック等の省力機械の販売と天井走行クレーンの設置工事業にも事業を拡大。1980年にはジュート（黄麻）のヘッシャンクロスを利用した緑化資材の部門にも進出。近年は1996年頃から開発に取り組んできた獣害防止ネットの販売が好調であり、当社売上の半分近くを占めるに至っている。

2．事業環境の変化への対応
当社は業歴200年以上の老舗企業として、綱、ロープとその周辺分野で事業を展開しているが、時代に合わせて様々な分野に挑戦することで生き残りを図ってきた。先にみたように、戦後は産業資材、林業機械、緑化資材の販売、天井走行クレーン等の機械器具設置工事の分野を開拓。全国に販売店網を整備して業績も順調に推移していた。

しかし、バブル崩壊後は公共事業の減少によってロープ、産業資材等の需要が減少しただけでなく、ホームセンターの出現、輸入商品との競合、大手商社による直販等、当社が長年構築してきた卸販売のシステムが機能しなくなるという環境変化にも直面し、当社の売上は低下傾向を辿った。

このような状況下、当社は自社製品の開発、販売に取り組んだ。既にビルの建設現場で使われる落下防止の安全ネットを転用した鹿による食害を防止するための繊維ネット「グリーンブロックネット」を開発、1997年から発売して売上も順調に伸びていた。そこで、こうした獣害防止の分野を更に強化して事業の新たな柱とすべく、農作物、苗木をイノシシから守る金網防護柵「イノシッシ」の開発に取り組み、2004年より販売を開始。柵の上部を電気柵としてサルの侵入を防ぐ「ビリビリイノシッシ」も加えた獣害防止ネットシステムの販売は大きく伸びており、当社の主力事業となっている。

3．新事業への展開

先にも述べたように、当社は獣害防止ネットシステムの販売によって経営危機を脱し、業績は順調に回復している。それまでの金網柵は重く、専門の工事業者に依頼して支柱を立てて張る必要があったが、当社の製品は持ち運びや組立が容易で、農家の人が自分達で設置することができ、工事費用が大幅に削減されるという特徴を持っている。こうした点が評価されて、各地の自治体での採用が増加している。

当社の新事業への展開は従来の卸売業とは全く異なる開発型企業への転換であった。これまで築いてきた地方の販売店網は使えず、独自に商品を開発して、獣害防止ネットシステムを採用してくれる自治体やユーザー（農家）という全く新しい顧客に直接セールスを行わなければならない。経営者はもとより社員にも大きな意識改革が求められた。野々内達雄社長（8代目）はベテラン社員と腹を割って話す中で、家業の存続に固執することなく、社員の幸せを第一に考え、暖簾を捨てる覚悟で開発に取り組むことの必要性を痛感し、その思いを社員にも伝えて共に新製品の開発、販売に取り組んだ。ベテラン社員も見違えるように元気になり、積極的に新製品の開発や販路開拓に取り組み、各地での採用に結びつけた。そして、こうしたベテラン社員の姿に刺激を受けて、若手社員も部署を超えて営業に積極的に協力するようになり、社内の風土も大きく変わったという。

4．経営理念とその伝承

当社には家訓はないが、伝統を守って事業を着実に引き継いでいかなければならないという精神は一貫しており、代々の経営者は、如何にして時代の変化に対応して生き残っていくか、次世代に事業を引き継いでいくかについて真剣に考え努力してきた。

野々内社長は先代社長（父親）の生き方、経営の姿勢を見て育つ中で、お客様第一、取引先との絆を大切にするといった経営理念を自然に学んできた。社長は今でも父親は経営者としても家庭人としても素晴らしい人であったと振り返り、自分も親からは愛情を注がれ、大切に育てられたという思いがある。幼少期の家庭での教育や親子間の信頼関係が重要であり、そうしたものがなければ、何代にもわたって事業を引き継いでいくことはできないという。

社長は先代から経営への姿勢は学んだが、事業のやり方については、先代と同じことをしているだけでは時代を超えられないという。獣害防止ネットシステムの開発への挑戦のように、環境が大きく変わる中では、暖簾を捨てる覚悟で変革に取り組み、今までのやり方を乗り越えて、新しいビジネスモデルを作り上げることが重要であると考えている。

5. 将来に向けての経営方針と課題

当社は今後も獣害防止ネットシステムの開発と販売に力を入れていくが、長期的には「安全」（安全保安器具、ロープなどの産業資材）、「省力」（物流設備工事業）、「環境緑化」（獣害防止ネットシステム、農林機械、造園資材）の3分野のバランスをとりつつ、ユーザー志向の開発型企業を目指していく方針である。

事例6　株式会社　ヒラカワ

設　立　1947年（創業：1912年）　資本金　9，000万円
従業員　253名　所在地　大阪市北区
事業内容　ボイラーおよび周辺機器の製造・販売・メンテナンス
主力製品　蒸気ボイラー、温水ヒーター、周辺機器

1．創業以来の業歴と現在の事業内容

当社は1912年（明治45年）初代平川種吉が平川鉄工所を創業。当初は舟釘等を作っていたが、1916年からタンク類を製造、1922年にはボイラーの製造を始め、以来90年以上わたってボイラー専業メーカーとしての実績を重ねている業界のトップリーダーである。

2．事業環境の変化への対応

代々の経営者は「ボイラーを通じて資源の乏しいわが国の発展に貢献する」という当社創業の理念に基づいて、コスト削減、生産体制の拡大、省エネルギー、環境への配慮等、時代とともに変わるニーズ応える製品を提供してきた。汎用的な製品を作るより顧客の個別のニーズに対応した製品開発を重視してきた結果、当社の商品アイテム数はボイラーメーカーの中で一番多くなっている。

ボイラーの国内市場が成熟化に向かう中、当社はソリューション型ボイラーメーカーに進化しつつある。当社は全国13か所に営業所、メンテナンスの拠点を設置し、ボイラーの試運転・研究を行うデモセンター（ボイラ技術開発センター）を開設。デモセンターには常時10機種以上のボイラーが稼働可能な状態になっており、顧客による導入前の性能確認や顧客のニーズに合った製品の開発を行っている。２００５年には独自の負荷診断装置を開発し、自社製品、他社製品を問わず、ボイラーの稼働状況を診断して最適な省エネシステムを提案するサービスも開始している。

3．経営理念とその伝承

創業者は「他人に迷惑をかけてはならない。常に得意先、需要先の立場に立って、その利便、利益を考え、信頼に背かないこと。」という信条を持っていた。2代目平川久一社長はこの信条を「信頼される会社」「信頼される人間」「信頼される製品」の3つの信頼という形で明確化し、当社の社是と定めている。こうした理念は会社の基本方針、目指すべき目的として代々受け継がれてきた。4代目となる平川晋一社長も子供の頃から2代目社長（祖父）に経営理念を教え込まれたという。

当社では常にこの「3つの信頼」という社是の実現を目指しており、製品・システムの開発、顧客対応等、すべての場面において顧客からの信頼を第一に考えている。

戦後、当社はそれまで注文に応じて一つずつ作られていたボイラーを他社に先駆けて標準化、カタログ化し、自社ブランド（ＭＰボイラ）を持つボイラーメーカーとなった。ボイラーを通じてわが国産業の発展に貢献したいという創業理念を継承していた2代目平川久一社長はボイラーの標準化、体型化を進める中で蓄積した技術資料を独占することなく、広く産業発展のために活用して欲しいと考え、１９５７年「平川ボイラ便覧」を作成し、10年以上にわたって全国の大学工学部の学生に無償で配布。便覧は各方面で活用され、現社長も「あの便覧はとても役に立った。」という感謝の言葉を幾度もかけられたという。

4．事業の内容、特徴

売上高や製品シェアの拡大にこだわらず、中身にこだわるのが当社の経営方針である。売上だけを求めると、短期的な売上実績に結びつく製品、売りやすい製品が優先され、顧客のニーズに応える製品、サービスの提供が疎かになる。そのことは当社の経営理念にも反することであると考えている。

当社は技術の蓄積、人材の育成にも力を入れている。従来、3年毎の中期経営計画を策定していたが、こうした計画の下では3年の間に業績を上げることが優先され、長期的な視点に立った人材の育成は二の次になってしまうということに気づき、数年前から中期計画は廃止し、人づくりを中心にした経営計画（20年計画）に変更。20年の長期計画を5年毎に分けて、設備投資、人材の運用・育成、技能承継と製品の世代交代を推進している。

5. 将来に向けての経営方針と課題

当社は今後もボイラー専業にこだわっていく方針である。市場は成熟化しているが、エネルギー問題、地球温暖化対策等が重要な問題となる中、多様なエネルギーの活用、エネルギーの効率的な利用が求められており、省エネルギー性能の向上と再生可能エネルギー活用によって一次エネルギーの消費量がネット（正味）でゼロとなるような住宅、ビルのゼロ・エネルギー化を推進する動きも具体化している。当社はボイラーメーカーとして、こうした動きを先取りし、対応する製品、ソフトの開発に取り組んでいくことが必要であると考えている。

より長期的な視点からは、将来、どのような事業分野、製品に展開していくかを考えるのは次世代に任せるべきであると考えている。先にも述べたように当社は20年先までの経営計画を策定しているが、一番重視しているのは次世代を担う人材の育成であり、社長が70歳となる10年後には次の世代へ経営を引き継ぐことも計画に明記されているという。

事例7　大七酒造 株式会社

設　立　1948年（創業：1752年）　資本金　2、000万円
従業員　45名　所在地　福島県二本松市
事業内容　清酒製造

1．創業以来の業歴と現在の事業内容

当社は1752年（宝暦2年）創業。3代目以降、当主は七右衛門を襲名しており、現社長の太田英晴氏は10代目にあたる。当社は伝統的な酒造りにこだわり、今や希少となった正統的な醸造法である「生酛《きもと》造り」によって全ての製品を生産することで、量より質の経営を実践している。当社の製品は2008年の洞爺湖サミット首脳夫人晩餐会やオランダ王室主催の晩餐会に採用される等、国際的にも高い評価を得ており、日本酒の市場が低迷する中、当社は生酛造りにこだわることで製品の差別化を図り、付加価値を高めることに成功しているといえよう。

2．事業環境の変化への対応、伝統と革新

江戸時代元禄年間に完成された「生酛造り」は、天然の乳酸菌に乳酸を生成させて雑菌や野生酵母を駆逐し、強い生命力と発酵力を持つ酵母のみを残して培養する技法であり、約1ヵ月という長い時間と高度な熟練が求められる。明治時代に入り、自由に酒を作ることができるよ

うになって酒造業界にも参入が相次いだが、熟練技術者を確保できなかった蔵元では酒を腐らせてしまうところもあり、全国生産量の約8％が腐造によって失われたという。当時、酒税は地租と並ぶ主要財源であり、酒造技術の向上、腐造防止は重要な課題であった。1909年（明治42年）国立醸造試験所によって人工的に乳酸を加える形で大幅に簡略化された「速醸酛《そくじょうもと》」の製法が開発されると、時間と手間がかかる生酛造りは敬遠されるようになり、現在では殆どの蔵元では速醸酛によって日本酒が作られている。

当時、逸早く新しい製法である速醸酛による酒造りを試みた8代目（現社長の祖父）は合理化、省力化という面は評価できるが、味にこだわるなら生酛造りで行くべきであると考え、以来、当社は生酛造りのみで酒を造るという方針を守っている。

当社は伝統的な製法を墨守している訳ではない。先々代による生酛造りの選択は新しい醸造法も試した上で品質重視の観点からなされたものである。当社は蒸し米の工程でもボイラーの蒸気を使わず、全国でも40年ぶりに鋳造された特注の大型和釜を使用しているが、これは話題作りや記念のためではなく、和釜を使うことで米を蒸すのに理想的な高温の乾燥した蒸気が得られるからである。

このように当社は生酛造りならではの酒質、味わいを追求する中で、伝統の製法にこだわる一方、革新的な技術も導入している。精米に関しては「超扁平精米」の技術を独自に開発。清酒の原料となる米の表面にはタンパク質や脂質等、雑味の原因となる成分が存在しており、表面を削って精米する必要があるが、米粒の形は楕円形かつ扁平であるため、球状に丸く削ってしまう従来の精米方法では長い部分は削り過ぎてしまい、扁平な部分は十分に削れないという問題があった。当社は独自に精米方法の改良に取り組み、3年がかりで米の表面から同じ厚みで削る技術の実用化に成功。開発を担当した当社の精米部長は精米技術者として初めて「現代の名工」の表彰を受けている。

瓶詰めについても、熟成によって深みを増すという生酛造りの酒の特徴を生かすため、長期間の保存、熟成に適した日本初の「無酸素充填システム」をドイツのメーカーと協力して開発し、導入している。

海外への販売にも取り組んでいる。1996年国内地酒メーカー12社と日本産清酒輸出機構を設立して海外市場の開拓に着手。フランスで開かれる世界最大の酒の見本市ヴィネクスポにも大手メーカーに先駆けて1999年から出展しており、冒頭で述べたように海外でも高い評価を得るに至っている。

3．経営理念とその伝承

当社の中庭には4代目七右衛門が殿様から賜った花梨の木が今も残っている。これは殿様の別邸にあった花梨が落雷で幹が真二つに裂け、半身になっても枯れずに生き残ったものを拝領し、「雷は一度落ちた所には二度と落ちない」という験を担いで庭に植えたものである。以前から門前には樫の木が生えていたことから、「外に樫（貸し）、内に花梨（借りん）」という堅実経営と社会貢献を説いた家訓が４代目以降伝わっている。「起きて造って寝て売れ」という家訓もある。早起きして一生懸命に酒造りをすれば、寝ていても売れる。酒造りに手を抜くと売る時に苦労する、という意味だという。

こうした家訓は代々、親から子、孫へと口伝えで伝えられ、現社長も祖父からこうした家訓を聞かされて育った。堅実経営、生酛造りへのこだわり、酒造りに対する考え方も「酒屋には見識が大切だ」という祖父、父の口癖や酒への批評を通じて自然に引き継がれてきたという。

４．人材育成と技能の継承

当社の場合、歴代の杜氏は長年にわたって勤め、代替わりの際も自分が育てた頭（補佐役）を後継者に指名してきたことで、伝統の醸造技術は着実に伝えられてきた。しかし、今後も全てを杜氏、蔵人という農閑期の季節労働に依存していくことには安定性の面での懸念もあった。そのことは杜氏自身も感じており、季節労働から地元（常勤）社員への転換が進みつつある。しかし、酒造りは冬の仕事であるため、蔵人を全面的に常勤社員に切り替えた場合、冬以外の季節の仕事をどうするかという問題があった。対応策としては、まず、地元社員の発案を受けて、夏の間は自社田での酒米作りを行うことにした。また、果実酒・リキュール類の製造に関する規制が緩和されたことから、夏場の商品として日本酒で漬けた梅酒「生酛梅酒」を製品化したところ好評を博し、ヒット商品となっている。

5．将来に向けての経営方針

海外への販売にも力を入れていく方針である。海外への販売はまだ売上全体の数パーセント程度であるが、和食が世界文化遺産に認定される等、日本酒を海外に販売していくための環境は、予想以上に良いものになってきている。日本酒は世界的にみても優れた醸造製品であるが、フランス、ドイツ等のワインと比べると知名度にはまだ大きな差がある。そうした点を克服し、大七がフランスの有名ワイナリーのようなブランドとして認知されることを目指したいと考えている。

【注】

（1）倉科敏材編著『オーナー企業の経営』中央経済社（2008年）P6－7

（2）後藤俊夫『三代、100年潰れない会社のルール』プレジデント社（2009年）P12

（3）プライス・ウォーターハウス・クーパース社調査による。

（4）森川正之「同族企業の生産性－日本企業のマイクロデータによる実証分析」RIETI Discussion Paper Series 08-J-029（2008年）

（5）ダニー・ミラー、イザベル・ル・ブレトン＝ミラー（斉藤裕一訳）『同族経営はなぜ強いのか？』ランダムハウス講談社（2005年）P55－89

第3章 中小企業のグローバル化戦略

わが国経済は、少子高齢化の進行に伴う本格的な人口減少社会を迎えつつあり、国内市場の拡大は期待できない状況にある。一方海外に目を転じると、新興国を中心に世界の市場は急速に拡大してきている。内需依存型のビジネスモデルが大半を占めている中小企業にとって、成長余力の大きい海外の需要を取り込んでいくことは重要な課題の一つであり、これができれば大きなアドバンテージになることは間違いないであろう。

こうしたなか、アジアを中心とした海外の需要を自らの成長に取り込んでいこうとする中小企業からの支援ニーズの高まりを受けて、２０１０年10月には「中小企業海外展開支援会議」が設置され、翌年６月には「中小企業海外展開支援大綱」が策定された。また、２０１３年６月に制定された「日本再興戦略」では、高い技術力を持っている、あるいは販路等優良なビジネスモデルを確立しており、世界市場で十分に勝負できる「潜在力」を持つ中小企業等の海外進出を重点的に支援していくことが示されるなど、中小企業の海外展開支援が重要な政策課題となっている。(注１)

このように中小企業のグローバル化対応が注目を集めている。

本章では、まず中小企業の海外進出の状況やその取組のスタンスなどについてみてみることとしたい。次いで、最近の中小企業のグローバル化に向けた取組の事例紹介も交えながら、今後の中小企業に求められる対応について考えてみたい。

1 中小企業の海外進出の動向

(1) 海外進出の状況

商工中金調査部は、2015年1月に「中小企業の海外進出に対する意識調査」を実施し、同年4月に調査結果を公表している。(注2)結果の概要については以下の通りである。

海外進出の現状と今後の予定を見ると、全体の11・7%が「進出実績あり」と回答し、「進出実績はないが、今後進出の予定

(図表Ⅱ－3－1) 海外進出の現状および今後の予定

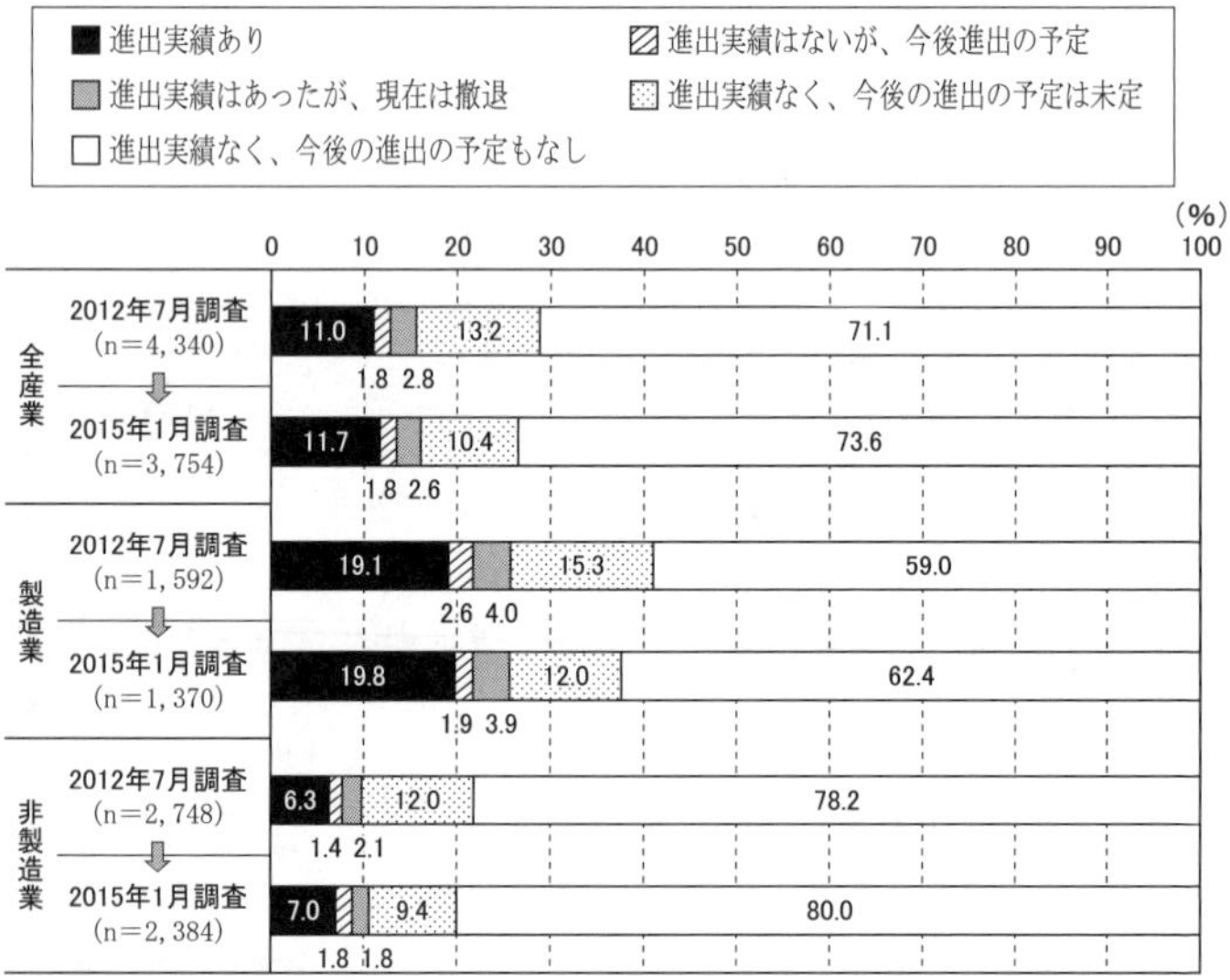

（以降、「今後進出予定」）」は１・８％であった（図表Ⅱ-３-１）。一方「進出実績なく、今後の進出の予定もなし」は73・６％と大多数を占めている。

製造業・非製造業別にみると「進出実績あり」の回答割合は、製造業は19・８％、非製造業は７・０％となった。また「今後進出予定」の回答割合は、製造業は１・９％、非製造業は１・８％と概ね同程度であった。そして「進出実績はあったが、現在は撤退（以降、「現在撤退」）」の回答割合は、製造業は３・９％、非製造業は１・８％と、製造業の方がやや回答割合が高かった。これらの結果は、２０１２年７月に同じ設問で実施した調査結果（以下「前回調査結果」という）(注3)と比較して、大きな違いはなかった。

「進出実績あり」と回答した企業の構成比を比較すると、製造業が61・９％、非製造業が38・１％となった。製造業を素材型と加工型に分けてみると、加工型が全体の40・４％を占めており高い比率を占めている（図表Ⅱ-３-２）。

一方「今後進出予定」と回答した企業の構成比を比較する

（図表Ⅱ－３－２）「進出実績あり」「今後進出予定」「現在撤退」の業種別構成比

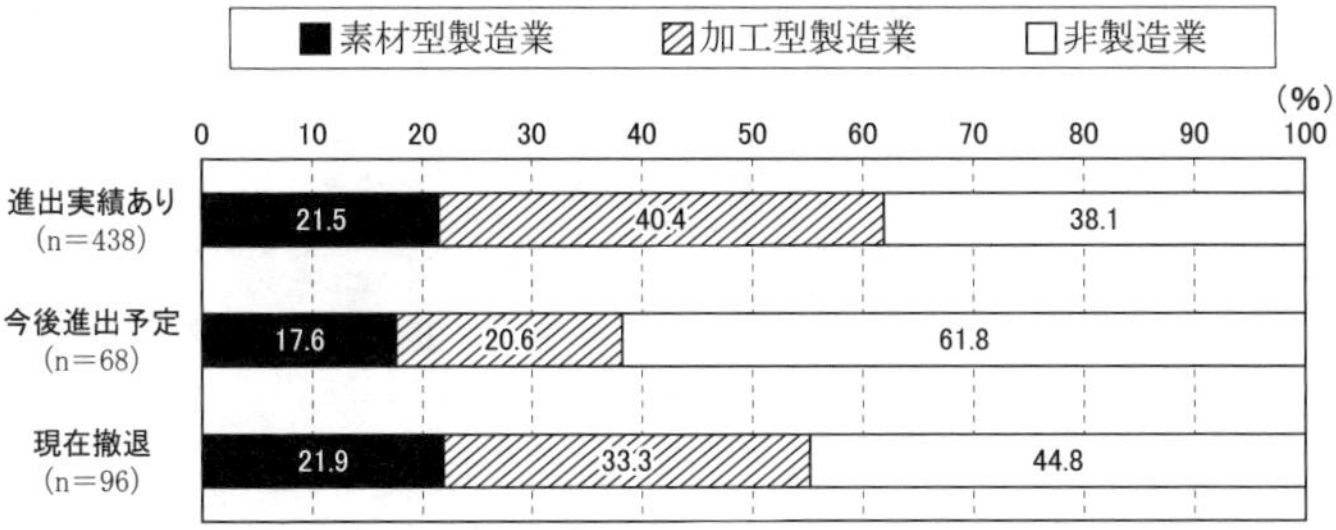

（注）素材型製造業＝食料品、繊維、木材・木製品、紙・パルプ、化学、窯業・土石、鉄・非鉄
加工型製造業＝印刷、金属製品、一般機械、電気機器、輸送用機器、精密機械、その他製造業

と、製造表38・2％（素材型17・6％、加工型20・6％）、非製造業61・8％と製造業よりも非製造業の方が多かった。なお非製造業の中では、卸売業が最も多かった。

（2）海外進出を行う理由

「進出実績あり」または「今後進出予定」「現在撤退」と回答した企業は全産業の16・0％を占めている。これらの企業を対象に、海外進出を行う（行う予定、行っていた）理由を尋ねた。結果については以下の通りである。

海外進出を行う理由としては、「海外市場の拡大が今後期待できるため」が52・2％と最も多くの回答を集め、次いで「安い人件費等を活用したコストダウンのため」が33・3％となった（図表Ⅱ-3-3）。一方、「為替変動の影響を回避するため」は3・5％と極めて少なかった。

さらに、これらの理由のうち、最も重要度の高いものはどれか尋ねたところ、「海外市場の拡大が今後期待できるため」が全体の約4割を占めた。なお、製造業・非製造業別にみると大差はなかった。

また海外進出状況別に比較すると、「今後進出予定」と回答した企業は、進出予定の理由を「海外市場の拡大が今後期待できるため」や「日本国内の市場が今後縮小すると見込まれるため」と回答する割合が「進出実績あり」と回答した企業よりも高くなっている。これに対して「安い人件費等を活用したコストダウンのため」は低くなっている（図表Ⅱ-3-4）。

（図表Ⅱ－3－3）海外進出を行う理由

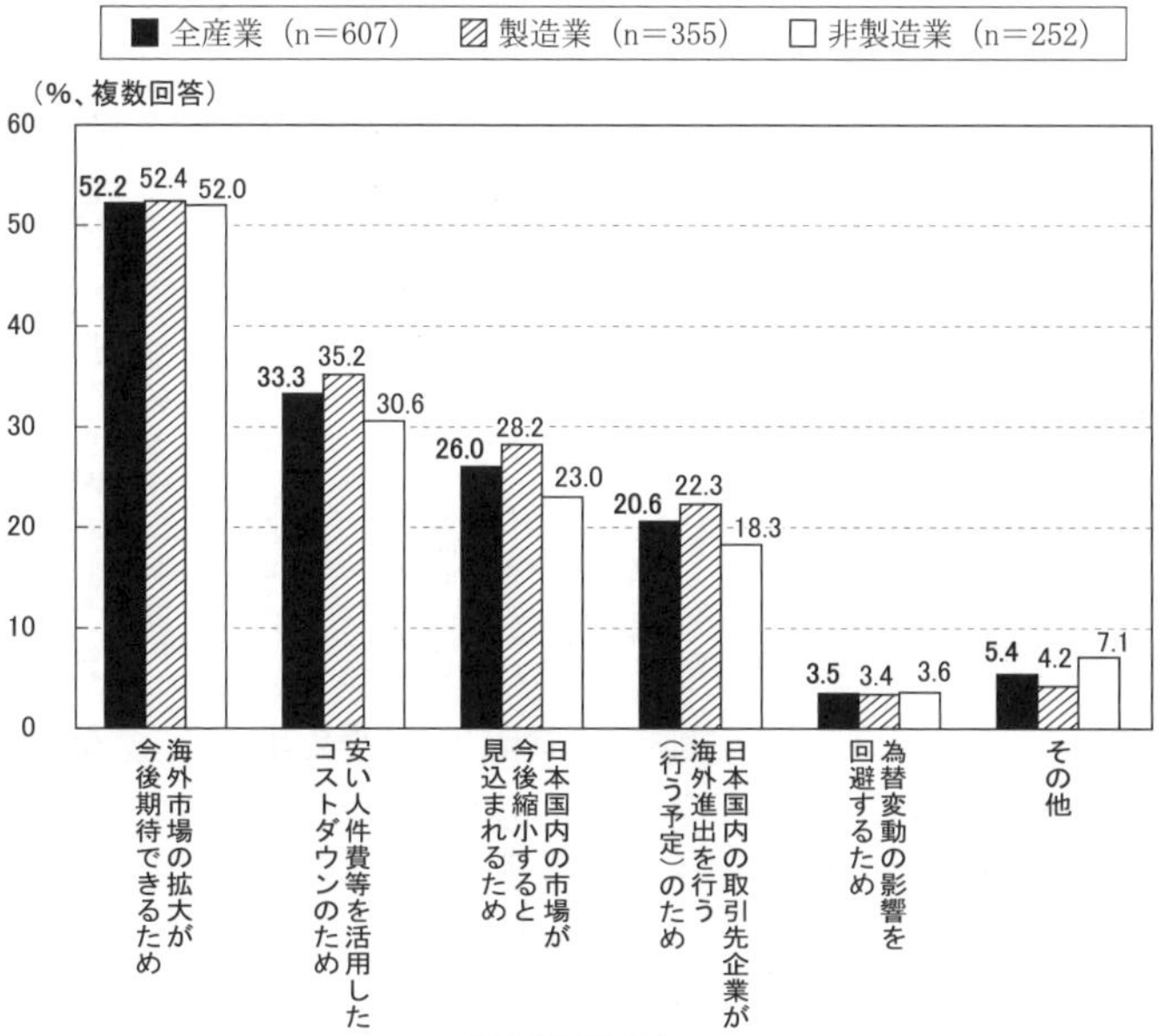

〈最も重要度の高い理由（全産業）〉

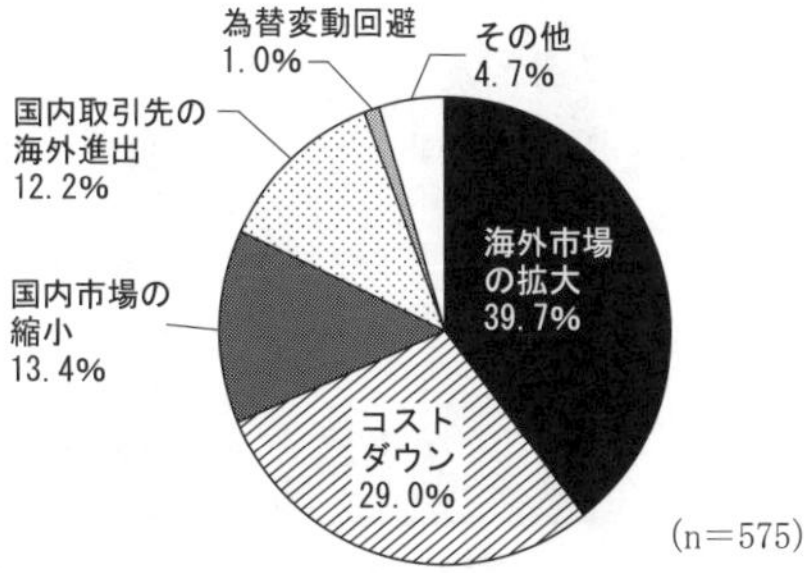

（注）左記の選択肢のうち、最も重要度の高い理由を1つ選んで回答

次に「進出実績あり」または「今後進出予定」「現在撤退」と回答した企業を対象に、円安が海外進出の判断に与える影響を尋ねた。結果については以下の通りである。

「海外進出は業務上必要であり、為替相場を理由として海外進出の判断は行っていない」とする回答が全体の約6割を占め、最も多かった（図表Ⅱ－3－5）。さらに、「円安によりコストアップする場合は海外進出の見直しを行いたいが、その他の事情により海外進出の判断は変えられない」とした回答を加えると、全体の約7割の企業が、海外進出の判断に円安は影響していないと回答している。

以上、中小企業が海外進出を行う理

（図表Ⅱ－3－4）海外進出を行う理由（海外進出状況別、全産業）

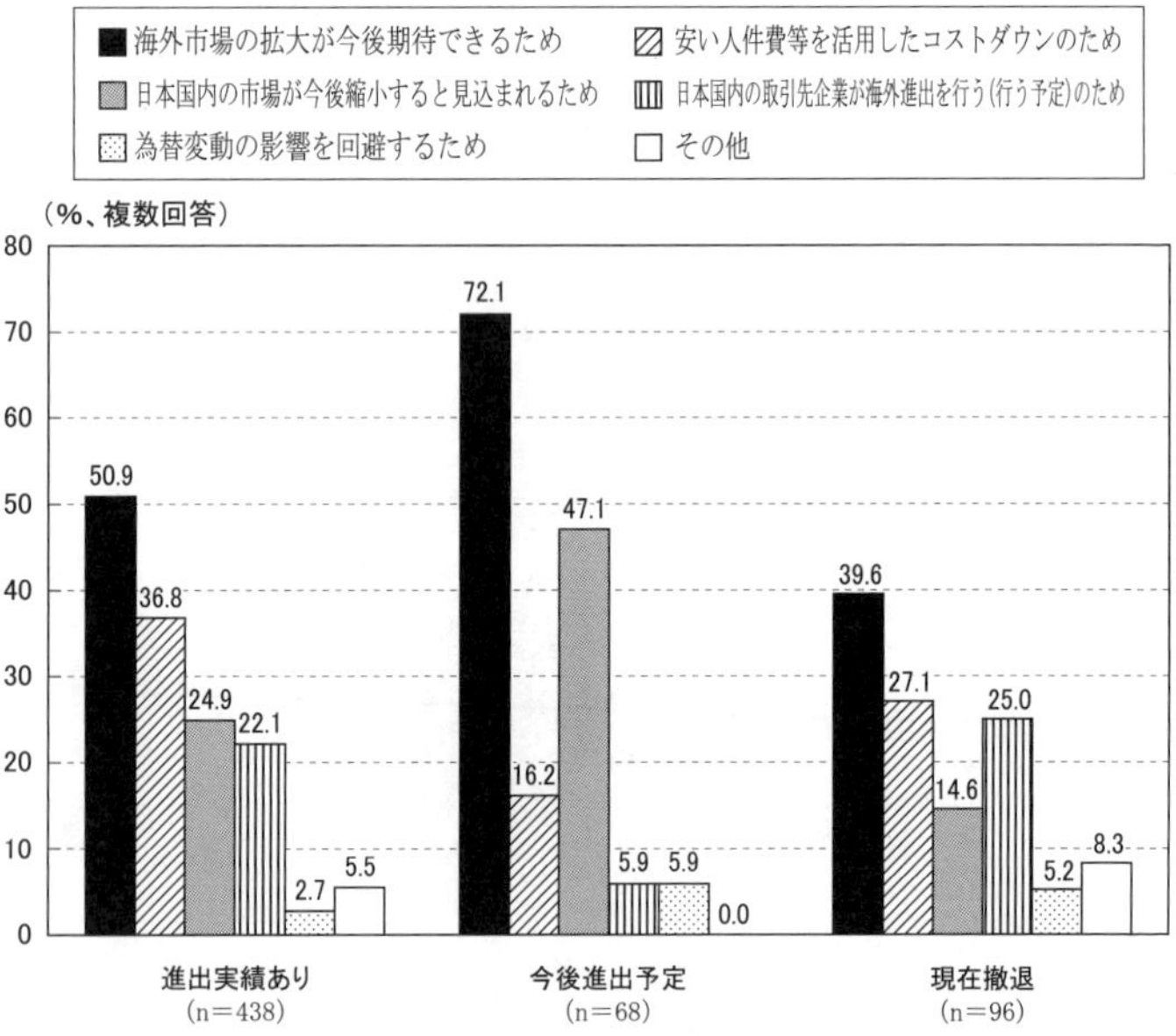

由をまとめると、拡大する海外市場を積極的に取り込むことが経営戦略上必要であるために行っている、という積極的な理由が中心となっている。特に、今後海外進出を予定している企業は、国内取引先の海外移転やコストダウン目的、為替相場の動向を、その主たる判断材料とはしていないと考えられる。

（3）進出国、進出予定国

「進出実績あり」または「今後進出予定」と回答した企業は全産業の13・5％を占めている。これらの企業を対象に、進出している国および今後進出を予定している国を尋ねた。結果については以下の通りである。

現在進出している国（以下、進出国）で最も多いのは「中国」（61・4％）であり、以下「タイ」23・4％、「台湾」15・9％、「ベトナム」15・2％の順となった（**図表Ⅱ-3-6**）。一方今後進出を予

（図表Ⅱ－3－5）円安が海外進出の判断に与える影響

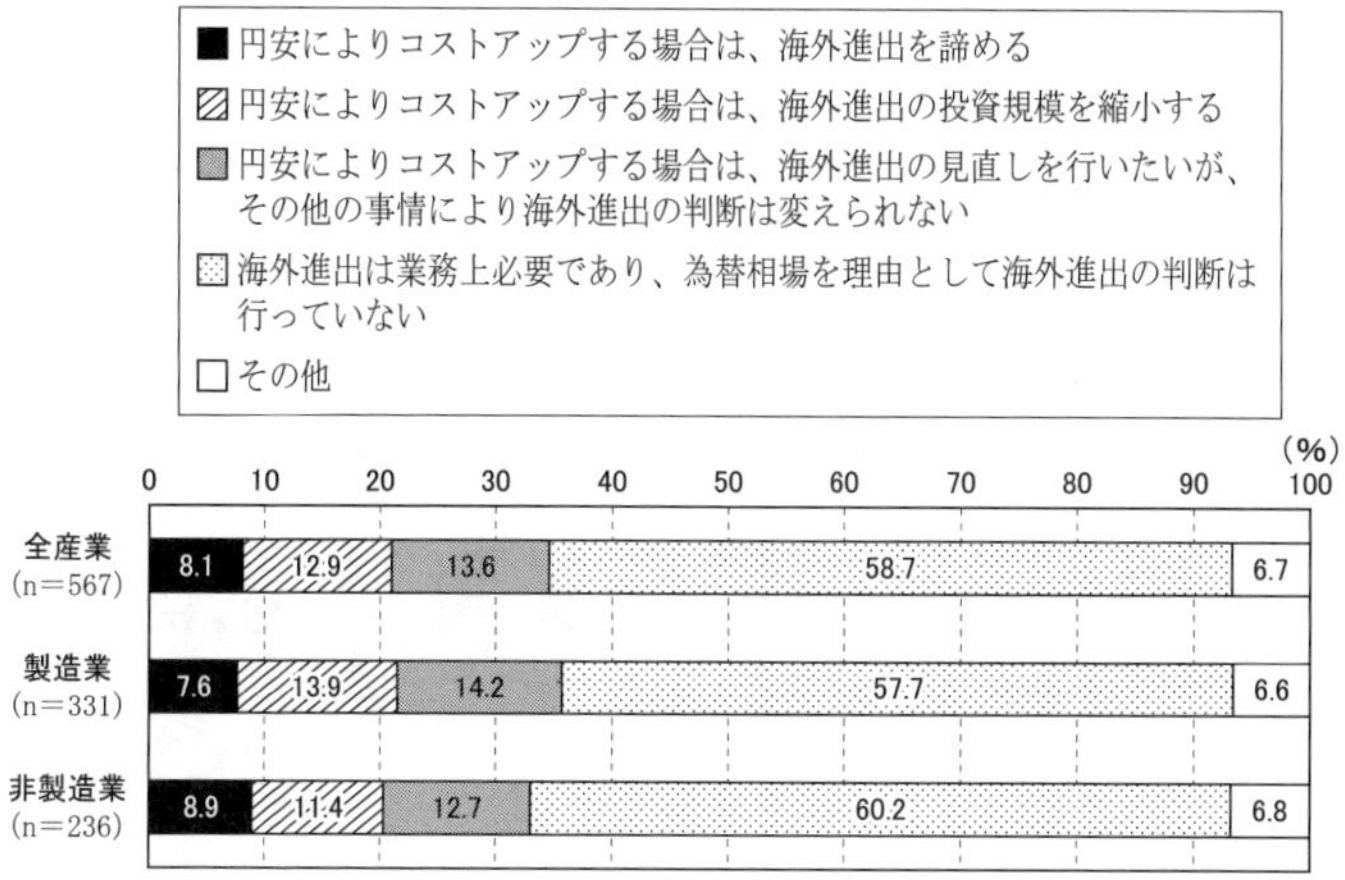

定している国（以下、進出予定国）で最も多いのは「ベトナム」（40・7％）であり、以下「タイ」23・1％、「インドネシア」19・8％、「中国」17・0％の順となっている。また、進出国では少数派であるミャンマーが、進出予定国では上位に挙げられている。

進出国における各国の製造業・非製造業の構成比を進出国

（図表Ⅱ－３－６）進出国、進出予定国の分布

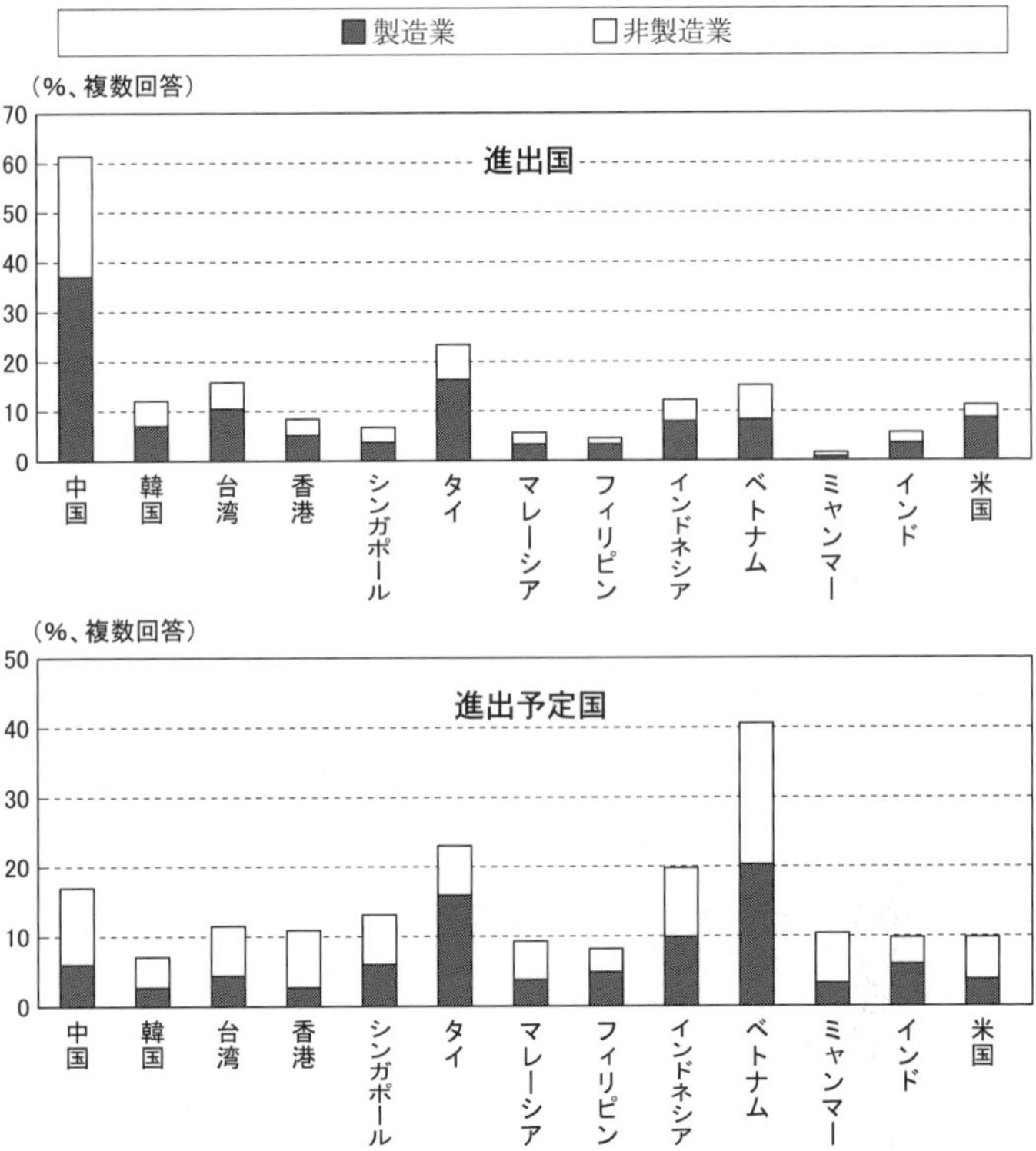

（注）進出国、進出予定国のどちらも回答数10未満の国は省略

の全体平均と比較すると、タイやフィリピン、米国では製造業の構成比が全体平均よりも大きく、韓国やシンガポール、マレーシア、ベトナムでは非製造業の構成比が全体平均よりも大きい。進出予定国についても同様に比較してみると、タイやフィリピン、インドで製造業の構成比が進出予定国の全体平均よりも大きく、香港は非製造業の構成比が全体平均よりも大きい。

なお、進出国・進出予定国の両方で上位に挙げられている中国・タイ・インドネシア・ベトナムのアジア4カ国について、海外進出の理由を比較してみると、4カ国共通の傾向として、「海外市場の拡大」や「国内市場の縮小」は、現在進出している理由よりも今後の進出理由として多く挙げられている。反対に、「コストダウン」や「国内取引先の海外進出」の理由は少なくなっている。　4カ国の詳細についてみると、中国とベトナムは、現在の進出国では「コストダウン」が最も回答割合が高いが、今後の進出予定国では「海外市場の拡大」が最も高くなっている。一方タイとインドネシアは、進出国・進出予定国とも「海外市場の拡大」の回答割合が最も高くなっている。

以上、主な進出国・進出予定国の状況をまとめると、現在は日本あるいは現地の日系企業のサプライチェーン向けに生産・販売を行っているものが中心であるが、今後は現地の市場向けに生産・販売を行う目的が中心となる。主な国別にまとめると以下の通りである。

中国は現在の進出国で最も多く、かつ重要度も高い。現在はまだ日本向けの生産拠点としての機能が強いものの、今後は現地の市場向けの生産・販売を目的とした進出が期待される。また、現在中国に進出している企業の今後の方針では、他の主要国に比べ「拡大」を目指す割合は低く、また「撤退または第三国（地域）へ移転」を考えている企業もあった。

ベトナムは、今後の進出予定国として最も注目されている。現在の進出目的は、中国と同じく日本向けの生産・販売が中心となっている。一方今後の進出目的は、現地の市場向けの生産・販売が最も多くなるものの、日本および現地日系サプライチェーンに向けた生産・販売も一定程度は維持される。

タイとインドネシアは、現在は現地の日系企業向けに生産・販売することが主な目的であるが、今後は中国やベトナム同様、現地の市場向けの生産・販売が中心となる。ただインドネシアへの今後の進出目的は、ベトナムと同様、日本および現地日系サプライチェーンに向けた生産・販売も一定程度は維持される。

この他、今後の進出予定国としてはミャンマーに注目が集まっているものの、その具体的な進出目的まで検討している企業は少ない。

(4) 海外進出を行わない理由

「進出実績なく、今後の進出の予定は未定」または「進出実績なく、今後の進出の予定もなし」と回答した企業は全産業の84・0％を占めている。これらの企業を対象に、海外進出を行わない理由を尋ねた。結果については以下の通りである。

「現状程度の国内需要で事業の継続が可能」が66・0％と最も回答割合が高くなった（**図表Ⅱ－３－７**）。以下、「国内での雇用維持を優先させたい」18・9％、「海外事業立ち上げのための人材が不足」18・0％、「国内の需要掘り起こしで収益の確保ないし拡大が可能」17・3％の順となっている。これらの結果は、多少の回答割合の変化はあるものの、総じて前回調査結果と

（図表Ⅱ－３－７）海外進出を行わない理由

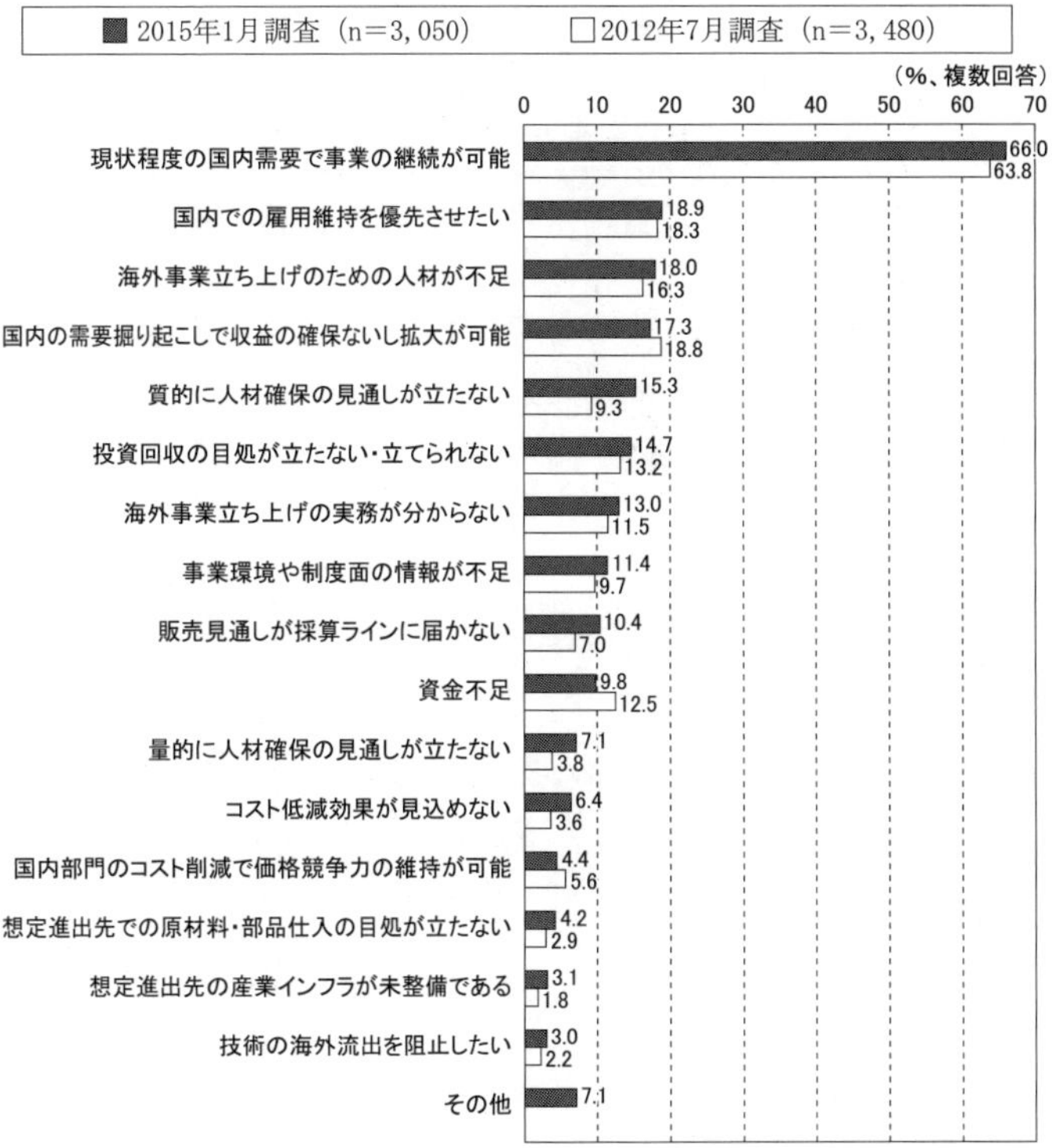

（注）2012年７月調査では、「その他」の選択肢なし

変わらない。

前回調査結果との相違についてみると、「質的に人材確保の見通しが立たない」（9・3%→15・3%）や「量的に人材確保の見通しが立たない」（3・8%→7・1%）など、人材確保の難しさを理由とする割合が高まった。また、「販売見通しが採算ラインに届かない」（7・0→10・4%）の割合も高まっている。一方、「資金不足」（12・5%→9・8%）の回答割合は下がっている。

次に「進出実績なく、今後の進出の予定は未定」と回答した企業と、「進出実績なく、今後の進出の予定もなし」と回答した企業の回答割合を比較してみると、「海外進出の予定なし」とする企業については「現状程度の国内需要で事業の継続が可能」が圧倒的に多いが、「海外進出の予定は未定」とする企業についてはその理由が分散している。特に、「海外事業立ち上げのための人材が不足」の回答割合は38・0%、「事業環境や制度面の情報が不足」は26・2%となっており、「海外進出の予定なし」とする企業よりも高くなっている（前者は13・9%、後者は8・6%）。つまり「海外進出の予定なし」とする企業は、現状の国内事業で事業継続が可能であると考え、海外進出を検討していない。一方「海外進出の予定は未定」とする企業は、同じく国内事業で事業継続可能と考えているものの、人材・情報の不足などの理由により今後の方針を決めかねている企業が多い。今後、「海外進出の予定は未定」と考える中小企業が海外進出を前向きに検討するようになるには、人材・情報が十分に確保できる仕組み作りが必要となってくるとみる。

（5）海外進出の姿勢

中小企業が海外進出を行う主な目的は、拡大する海外市場を取り込むことにあり、今後海外進出を予定している企業はその傾向が強い。しかしながら、実際に海外進出を行っている企業は全体の1割強に止まっている。一方、「進出実績なく今後の予定もなし」とする企業は全体の7割強を占めている。なお海外進出の状況については前回調査と大きな違いはない。

中小企業が海外進出を行わない理由についてみると、「現状程度の国内事業で事業継続が可能」とする回答が圧倒的に多いが、「海外進出の予定は未定」としている企業についてみると、人材確保の難しさや情報不足を理由に挙げる先も多い。

このように中小企業は海外市場に魅力は感じているものの国内市場とは異なるリスク要因が多く、人材、情報等も不足していることから海外での事業展開については慎重姿勢を崩していない。

2 海外需要の取り込みに向けた取り組み

「グローバル化対応」というと海外に進出することに目が行きがちであるが、直接投資による現地法人の設立だけが海外需要を取り込むための方法ではない。中小企業の身の丈に合った方法も考えられるのではないだろうか。また、一言で「海外市場」といっても様々なマーケットがあり、少し視野を拡げてみると中小企業がその持ち味、強みを発揮できるニッチ市場も少なくないとみられ、中小企業にとってもビジネスチャンスは十分にあると思われる。ここでは商工中金が随時公表している「NEWS RELEASE」の中から海外需要の取り込みを図るべく取り組んでいる中小企業の事例をピックアップしてみることとする。(注4)

なお、商工中金は2011年2月に独立行政法人日本貿易振興機構（JETRO）と業務協力をするとともに、国内外の全ての店舗、海外駐在員事務所に「中小企業海外展開サポートデスク」を設置し、資金面のみならず各種ソリューション・情報提供等を行っている。また、2014年4月には「日本再興戦略」に沿って、特定分野に優れた中小企業等の海外進出を後押ししていくために「グローバルニッチトップ支援貸付制度」を創設するなど、中小企業の戦略的な海外展開を積極的に支援している。

3　商工中金「NEWS RELEASE」事例

事例1　ノーテープ工業 株式会社

設　立　1963年　　資本金　4、000万円
従業員　76名（2015年5月現在）　　所在地　大阪府八尾市
事業内容　接着剤製造
取組内容　海外販売強化のための国内工場の設備増強

当社は製靴用の接着剤を開発した企業で、同分野では国内シェア60%を占めるニッチトップ企業である。そして現在では、製靴向けに加えて、自動車、建築建材、家具木工など幅広い業界向けに多様な接着剤を開発し、市場のニーズに応えている。

当社は、世界的な環境意識の高まりを背景に、今回、有機溶剤を使用しないホットメルト型接着剤（※）を製靴向けに開発し、アジアを主体とした海外の製靴工場向けの販売を強化することを目的に総投資額約1億円をかけて、津山工場（所在地：岡山県津山市）の設備を増強し、供給能力を引き上げることとした。

（※）ホットメルト型接着剤……製靴用の接着剤には、ゴムや樹脂を有機溶剤に溶解したものが多く使用されているが、有機溶剤は揮発性があるため、大気汚染等の環境面での課題がある。一方、ホッ

トメルト型接着剤は、樹脂を温めて溶かし、液体化した状態で塗布し、冷えて固めることで接着させるというもので、気体が発生せず、環境にも優しい。

（２０１５年６月９日公表）

事例２　有限会社　クレイド

設　立　２００２年　　資本金　３００万円
従業員　24名（２０１５年４月現在）　所在地　鳥取県米子市
事業内容　飲食店経営、飲食店コンサルティング
取組内容　東南アジアにおける鳥取和牛のブランド力向上のためのＰＲ活動

当社は、飲食店経営および飲食店のコンサルティング事業を展開する一方で、鳥取和牛をはじめとした地域特産品の対外プロモーション業務を行っている。

鳥取県は歴史ある良質な和牛の産地であるがその流通は地元中心で、他の産地と比較すると認知やブランド評価には向上の余地がある。こうしたなか当社は、地域産品の対外評価を高めて、地域経済の活性化につなげることを目的に、自治体や業界関係者と連携して多方面で積極的なＰＲ活動を行っており、今後は、東南アジアにおいて鳥取和牛のブランド力を向上させるためにＰＲ映画制作も予定している。

（2015年5月14日公表）

事例3　株式会社　晃祐堂

設　立　1990年（創業：1979年）　資本金　1、000万円
従業員　34名（2015年4月現在）　所在地　広島県安芸郡熊野町
事業内容　熊野筆製造
取組内容　国内初の「熊野筆自動製造機」を導入する新工場建設

熊野町は江戸時代の後期から伝わる筆の製造が盛んであり、日本で生産される筆の約8割が同地で生産されている。[注5] 当社は、この熊野町で書道筆製造メーカーとして創業し、以後、化粧筆の取扱いも始めて、現在では地区内トップクラスの生産力を有している。そして高品質かつデザイン性の高い化粧筆は市場の人気を集めている。

このところ世界においても各地で「熊野筆」が注目されており、当社も海外からの受注が増加している。こうした海外需要に対応していくため、当社は自動製造ラインを持つ化粧筆の専用工場を熊野町内に新設して生産能力を引き上げることとし、2015年4月に竣工した。

（2015年4月28日公表）

事例4　株式会社　ドレミ楽器

設　立　1982年（創業：1947年）　資本金　1、000万円
従業員　28名（2015年3月現在）　所在地　静岡県浜松市
事業内容　ピアノ修理販売
取組内容　家庭ピアノ需要が根強い米国での事業拡大

当社は、楽器の街浜松で30年以上の業歴を誇る老舗の中古ピアノ修理・販売業者で、ピアノ売却希望者から直接買い取りし、自社工場で熟練工が整備を行い、国内で直接販売することに加えて、米国現地法人を活用して海外輸出も行っている。

今回、当社は家庭でのピアノ需要が根強い米国での更なる事業拡大を目的に、当社の米国現地法人が運転資金を調達した。

（2015年4月1日公表）

事例５　ジャパンビューティアソシエーション 株式会社

設　立　２０１３年　資本金　４、７５０万円
従業員　２名（２０１５年２月現在）　所在地　東京都港区
事業内容　美容業、美容師の人材教育・研修
取組内容　美容業者が団結してベトナムに総合美容サロンを開業

当社は、ベトナムにおける日本流美容の需要創出を目指して、北海道や東北、東京、静岡など日本国内の美容関連企業27社によって２０１３年10月に設立された。
当社は、ベトナムのＴＶ番組制作・通信販売・流通の３企業とコンソーシアムを組織して、２０１４年12月にベトナムのホーチミン市に高度な美容技術と日本流おもてなしを活かした総合美容サロンをオープンした。今後、現地でサロンのサービス評価を高めて、美容関連商材を販売するとともに、現地のＴＶ番組を活用したＰＲによって需要を喚起していくことを計画している。

（２０１５年３月30日公表）

事例6　株式会社　プリプレス・センター

設　立　1991年　資本金　8、550万円
従業員　98名（2015年2月現在）　所在地　北海道札幌市
事業内容　印刷、デザインWEB制作
取組内容　アジアに進出する日本企業向け受注を取り込む

当社は印刷を中心にデザインやWEB製作、デジタルコンテンツの作成等を行っている。今回、当社は、高成長を続けるフィリピンに現地法人を設立し、アジアに進出する日本企業向けにホームページ翻訳やパンフレット制作の受託業務を行うこととした。

（2015年2月17日公表）

事例7　株式会社　モビーディック

設　立　1975年　資本金　8、300万円
従業員　55名（2015年1月現在）　所在地　宮城県石巻市
事業内容　ウェットスーツ、ドライスーツ製造
取組内容　マリンレジャー世界最大市場である米国市場開拓

当社は、マリンレジャーや潜水作業等に用いるウェットスーツ・ドライスーツを製造し、国内販売において約30％のシェアを占めるニッチトップ企業である。なお当社は独自の工法により保温性、動きやすさ、着脱容易性を実現したウェットスーツを開発するなど高い技術力を有しており、平成20年には経済産業省の「元気なモノ作り中小企業３００社」に選定されている。

当社は、２０１４年８月にマリンレジャーの世界最大市場であるアメリカに現地法人を設立し、日本市場で培ったカスタムメイドのノウハウと品質の良さを強みに、アメリカ市場の開拓を図り、世界シェアを高めていこうとしている。

（２０１５年１月17日公表）

事例８　株式会社　東化工

設　立　１９６０年　　資本金　４、５００万円
従業員　76名（２０１４年５月現在）　所在地　東京都大田区
事業内容　船用内燃機関修理
取組内容　東南アジアにおける船舶修理需要増に対応

当社は、日本でも数少ない船舶エンジンのメンテナンスを専門に、１９３５年の創業以来培ってきた低温溶接等の数多くの技術を駆使し、船舶内燃機関各種部品の修理および再生を手が

けている。当社は、同分野における国内トップ企業であり、かつ、25年前に台湾に海外現地法人を設立以降、現在では、シンガポール・マレーシア・香港・上海にも現地法人を有するなど、積極的に海外展開している。

東南アジアでは経済発展に伴い、船舶修理の需要が増加しており、特に、短納期の要請や複雑な修理・再生といったニーズが高まってくることから、今回、当社はこうしたニーズを取り込んでいくため、シンガポールおよびマレーシア現地法人の業務体制を強化することとした。

（2014年6月27日公表）

事例まとめ

ここで紹介した事例先8先は必ずしも事業規模の大きな先ばかりではない。所在地についても大都市圏以外の地方圏を基盤としている先も少なくない。また、業種や取扱品目、ビジネスモデルも様々である。そのため各社がターゲットとする地域、顧客層、アプローチの方法は多種多様である。共通しているのは、自社の商品やサービスの強みを生かすことができるマーケットに狙いを定めて海外需要開拓に取り組んでいるということである。ちなみに、単独では海外進出が難しい場合でも、ジャパンビューティアソシエーション（事例5）のように、関連企業が連携してターゲット国に橋頭堡を築くという戦略も考えられる。また、プリプレス・センター（事例6）のように海外に進出する日本企業をターゲットとしてその需要を取り込んでいこうとする戦略も有力であろう。

なお、当然ながら海外に進出することが海外需要を取り込んでいくための必須条件ではなく、事例先のなかには海外進出を行っていない先もある。ノーテープ工業（事例１）についてはターゲットとする市場規模は大きくはないとみられるものの、当該市場では既に自社の技術・商品に強みや特殊性があり、国際競争力が高い。また、クレイド（事例２）については、狙い通りに自社商品やサービスのブランド力を高めることに成功すれば、今後国際競争力が強化され、海外需要を獲得することができるであろう。新事業展開の事例で紹介した京西テクノス（第１章事例３）も、国内に居ながら海外の電子機器の保守修理サービスにも対応していくことを重要課題と考えており、国際空港内の保税地域に修理拠点を設置し、国際物流会社と提携してアジア各地からの医療機器、計測器等の修理需要を取り込もうとしている。

【注】

（１）こうした観点から経済産業省は、国際市場の開拓に取り組んでいる企業のうち、ニッチ分野において高いシェアを確保し、良好な経営を実践している企業を「グローバルニッチトップ企業１００選」として選定している。

（２）調査対象先は９、０７３社、有効回答数は４、０７９社で回収率は45％、調査結果の詳細については商工中金ＨＰ参照（http://www.shokochukin.co.jp/）。なお、当該調査でいう中小企業とは、いわゆる「中小会社」（会社法第２条６号に規定する「大会社」以外の会社）、または法定中小企業（中小企業基本法第２条に規定する中小企業者）、のいずれかに該当する非上場企業。
（3）「中小企業の海外進出に関する認識調査（２０１２年７月調査）」（２０１２年10月３日公表）。詳細については商工中金ＨＰ参照。
（4）事例の内容については（　）内の公表時点の資料に基づき記載している。
（5）広島県ＨＰ参照（http://www.pref.hiroshima.lg.jp/）。

おわりに

本書では第Ⅰ部で、経済活動における中小企業の地位は高く、わが国経済を支えている存在であるが、そのシェアは低下傾向にあることを指摘した。そして雇用、付加価値に焦点をあてて、現在の中小企業の抱える課題について検討・分析を行った。

雇用については、中小企業の雇用吸収力の低下には中小企業の生み出す付加価値の低迷が影響していること、少子高齢化・人口減少が進展するわが国では、より多くの一人当たり付加価値を生み出していかなければならず、そのためには雇用が高付加価値を生み出す成長産業に供給されることが重要になってくることなどを指摘した。

付加価値については、中小企業が付加価値を生み出していくためには、働き手が減少することを前提に労働生産性を引き上げていくことが必要となるという視点に立ち、中小企業の設備投資が付加価値の源泉である労働生産性の向上に与える影響を確認した。その結果、設備投資効率は改善の方向に向かっているが、設備年齢は上昇した後あまり改善していないことや、資本装備率も改善していない状況にあり、企業の生産性や競争力を高めるための設備のスクラップアンドビルドを図っていく必要があること、などを指摘した。

そして第Ⅱ部では、新事業展開、老舗企業、グローバル化をキーワードに、事例調査などに基づき、厳しい環境のなかでも抜群の環境適応力を発揮し、「絶えざる革新」を続ける多様な中小企業の姿を浮き彫りにしてきた。

新事業展開については、4割を超える企業がその取り組みは収益面だけではなく、企業の将来性、知名度向上、従業員の意欲・能力の向上といった面においても良い影響を与えていること、取り組みあたっては、社内体制の整備、人材の確保・育成、他の企業等との連携などが必要であることを指摘した。

老舗企業については、創業から長期にわたって事業継続を可能ならしめた要因を探り、中小企業が持続的な競争優位を確立していくために求められる経営の特徴として、事業の継続と伝統の重視、長期的視点に立った経営、明確な経営理念とその伝承、信頼の重視、人材の重視、育成、コア・コンピタンスの追求と絶えざる革新、以上6項目を挙げた。

グローバル化については、中小企業は海外市場に魅力は感じているものの、国内市場とは異なるリスク要因が多く人材、情報等も不足していることから、海外での事業展開については慎重姿勢を崩していないこと、そうしたなかでも国内外を問わず自社の商品やサービスの強みを生かすことのできるマーケットに狙いを定めて、海外需要の開拓に取り組む動きが出てきていることを示した。

中小企業は多くの課題を抱えており、財務・収支面についても大企業との格差が大きい。また、今後エネルギー資源制約による影響も懸念される。しかし、こうしたなかでも中小企業が機動性、柔軟性、創造性を発揮して新たなビジネスチャンスを捉えて、それに果敢に挑戦していくスピリッツを失うことなく、その環境適応能力をさらに高めていくことが期待される。

あとがき

本書は3名により執筆している。第Ⅰ部第1章と第Ⅱ部第3章を筒井徹主任研究員が、第Ⅰ部第2章、第3章を赤松健治調査研究室長が、第Ⅱ部第1章、第2章を望月和明主任研究員が、それぞれ担当した。

既発表論文等と本書の章構成との関係は、以下の通りである。

第Ⅰ部第1章　筒井　今回書き下ろし
第Ⅰ部第2章　赤松「中小企業の雇用吸収力」（商工金融2014年10、11月号）
第Ⅰ部第3章　赤松「中小企業の競争力と設備投資」（商工金融2015年11月号）
第Ⅱ部第1章　望月「中小企業の新事業展開」（商工金融2015年10月号）
第Ⅱ部第2章　望月「老舗企業の研究」（商工金融2014年8月号）
第Ⅱ部第3章　筒井　商工中金調査部「中小企業の海外進出に対する意識調査」2015年4月、商工中金「NEWS　RELEASE」に基づき執筆

なお、本書作成にあたり、各章ともに大幅な加筆、修正を行った。また、本文中で参考とした

文献等については、原論文の掲載誌「商工金融」を参照されたい。

本書の作成に際しては、ご多忙中にもかかわらず多くの企業の経営者、役職員の方々に貴重な時間を割いてご協力いただいた。心よりお礼を申し述べたい。

中小企業　絶えざる革新－新事業展開と老舗企業の知恵－

平成28年２月12日　初版発行

定価：本体1,429円＋税

編集・発行
一般財団法人　商工総合研究所
〒135－0042　東京都江東区木場５-11-17
ＴＥＬ　03（5620）1691（代表）
ＦＡＸ　03（5620）1697

印　刷
三晃印刷株式会社

＊頁の「欠落」や「順序違い」などがありましたら、お取替えいたしますので、商工総合研究所までお送りください。(送料当研究所負担)

ISBN978-4-901731-23-2　C2034　￥1429E　(再生紙使用)